政府引导基金与
创业投资机构风险偏好

应晓妮◎著

Government-guided Funds and
the Risk Preference of
PE/VC Institutions

经济管理出版社
ECONOMY & MANAGEMENT PUBLISHING HOUSE

图书在版编目（CIP）数据

政府引导基金与创业投资机构风险偏好/应晓妮著 . —北京：经济管理出版社，2023.7
ISBN 978-7-5096-9138-0

Ⅰ.①政…　Ⅱ.①应…　Ⅲ.①创业投资基金—研究—中国　Ⅳ.①F832.2

中国国家版本馆 CIP 数据核字（2023）第 135253 号

组稿编辑：张馨予
责任编辑：张馨予
责任印制：黄章平
责任校对：蔡晓臻

出版发行：经济管理出版社
　　　　　（北京市海淀区北蜂窝 8 号中雅大厦 A 座 11 层　100038）
网　　址：www. E-mp. com. cn
电　　话：（010）51915602
印　　刷：唐山玺诚印务有限公司
经　　销：新华书店
开　　本：720mm×1000mm/16
印　　张：13.25
字　　数：217 千字
版　　次：2023 年 8 月第 1 版　　2023 年 8 月第 1 次印刷
书　　号：ISBN 978-7-5096-9138-0
定　　价：88.00 元

前　言

随着政府投资体制改革的不断深化，直接投资占政府投资的比重逐渐下降，政府引导基金等新型政府投融资方式迅速发展壮大。过去的十年中，我国政府引导基金数量呈现爆发式增长，尤其是在 2015~2017 年，新设立的各级各类政府引导基金数量超过 1000 只，目标募集规模超过 8 万亿元，成为传统政府投资的重要补充，也成为促进股权投资发展和资本市场建设的重要力量。在这一大背景下，政府引导基金的运行机制、资金去向和政策效果受到包括政府、金融机构、企业等市场主体以及学界、社会公众的广泛关注。

从 2015 年进入国家发展改革委投资研究所工作后，我在八年的工作经历中逐渐了解政府投资体制改革的过程、问题和方向。2016 年，我有幸参与了国家新兴产业创业投资引导基金的设立，此后长期协助国家新兴产业创业投资引导基金理事会办公室秘书处日常运作、协助制定引导基金相关规章制度，并作为主笔人参与撰写了国家新兴产业创业投资引导基金历年年报。随后，我又参与了国家中小企业发展基金、先进制造业基金等国家级基金的多项研究工作。通过对政府引导基金长期深入的研究和多次调研，我逐渐了解到，政府引导基金的参股及其机制设计会对参股基金管理机构的行为产生显著的影响，并进一步对创业投资市场乃至新兴产业的发展产生深远的影响，这也是本书成稿最初的灵感来源。

基于对政府引导基金及参股基金行为的观察，本书围绕政府引导基金参股对创业投资机构风险偏好可能产生的影响提出了两个问题：一是政府引导基金是否通过机制设计对参股基金的风险偏好产生影响；二是政府引导基金参股是否令参股基金管理机构的整体风险偏好发生变化。围绕这两个问题，本书提出了政府引导基金影响创业投资机构风险偏好的理论模型，基于各级政府引导基金公开信息和内部数据库、清科私募通数据库等多种信息渠道，构建了包含我国各级各类 400 余只政府引导基金、1000 余只政府引导基金参股基金、1500 余家 PE/VC 机构、22000 余条股权投资数据的时间跨度接近 30 年（1994~2022 年）的面板数据集，通过双重差分模型对两组实验组和对照组进行了实证分析，尝试对这两个问题进行回答。

本书的主要贡献在于，构建了一个可用于量化评估政府引导基金参股基金政策效果的数据集，并以政府引导基金支持早期企业的效果为切入点，从参股基金的投资行为和管理参股基金的创业投资机构整体投资行为两个方面入手，分析了政府引导基金对创业投资机构风险偏好的影响机制。不同于以往国内大量政府引导基金研究中侧重定性分析、缺乏定量分析的问题，本书用多种实证方法检验了政府引导基金参股基金及相关创投基金的大量股权投资样本，为政策评估和后续政策完善提供了更可靠、更客观的依据。

受限于作者自身水平和研究时间精力，本书仍存在不少可以继续深化之处：

首先，政府引导基金的政策目标是多方面的，引导创投机构投向早期企业仅是其中的一个方面。除支持早期企业外，大部分政府引导基金还承担了推动政府投资方式改革、提高公共资金投资效率、推动产业发展，甚至促进就业、推动区域一体化等多元化政策目标，全面、科学、严谨地评估政府引导基金的政策效果，不能只局限于单个目标。本书以政府引导基金引导创业投资机构投向早期企业的效果为研究切入点，但此研究结果不能片面地用于肯定或否定我国政府引导基金政策实践的整体效果。要对政府引导基金的政策效果进行更全面合理的评估，还需要收集更多方面的资料、数据，进行更深入的研究。

其次，本书构建了一个包含 2 万多条投资数据、时间跨度接近 30 年的政府引导基金参股基金及其管理机构投资数据集，但受限于官方公开数据的缺失，原始数据的准确度，个人所能投入的时间、精力等，该数据集仍有进一步完善的空间。例如，个别原始投资数据虽然经过多轮清洗，但仍可能存在重复，出于保护商业机密的需要，部分投资案例的轮次和投资额不对外公布等。此外，该数据集包含的数据价值仍有相当的潜力待开发。例如，本书曾尝试除投资案例数外，也用投资额的分布来衡量风险偏好，但是由于原始数据在统计币种、单位上的不统一以及逐条核对、换算、清洗2万多条数据的难度，只能暂时搁置。同时，还有相当一部分政府引导基金特征、PE/VC机构特征、参股基金特征数据由于种种原因未能在书中呈现，未来仍可在这些方面继续挖掘。

本书的结构安排如下：第一章介绍研究背景、研究问题、研究对象、研究思路等。第二章介绍国内外相关文献，并对现有文献进行评述。第三章介绍我国政府引导基金发展情况，主要包括试点探索、爆发增长、规范发展三个阶段，并分析了政府引导基金的现状、特点和存在的问题。第四章分析我国创业投资阶段分布特征，以及政府引导基金参股对创业投资基金投资阶段分布的直观影响。第五章围绕政府引导基金是否通过机制设计对参股基金风险偏好产生影响开展研究，提出理论假说和计量模型，构造相应的数据样本并进行实证检验。第六章围绕政府引导基金是否令参股基金管理机构的整体风险偏好发生变化开展研究，提出相应的理论假说和计量模型。第七章介绍了部分相关国内外政府引导基金的经验。第八章总结研究结论，提出相应的政策建议。

本书得以成书，首先要感谢我的博士导师张长春老师给予的悉心指导。同时，也要感谢北京大学姚洋老师、中国人民大学孙文凯老师、中国社会科学院大学岳国强老师、北京师范大学张欣老师等对选题和研究方法的指导。此外，还要感谢国家发展改革委相关领导和同事给予的支持与帮助，尤其是霍福鹏博士在政府引导基金的机制设计和绩效评估上给予了我诸多启发。周静毅、夏远翔、李荣志、刘昊等协助搜集和整理了部分数据资料。在本书撰写过程中，还有多位专家、学者提供了宝贵的意见，未能一一尽述，在此一并表示衷心的感谢！囿于水平所限，本书研究难免有不足之处，恳请学界同仁和读者批评指正。最后需要说明的是，本书观点仅代表本人研究观点，与所在单位无关，文责自负。

目　录

第一章 引言

政府引导基金作为一种重要的新型政府投资方式，随着体量的快速增长，其政策效果越来越受到公众的关注，系统客观地对其效果进行评估，既是《政府投资条例》要求，也是对社会各界关切的回应。

一、研究背景

（一）政府引导基金已成为一种重要的新型政府投资方式

随着政府投资体制改革的不断深化，近年来，直接投资占政府投资的比重逐渐下降，组建政府引导基金等新型政府投融资方式迅速发展壮大。过去十年中，我国政府引导基金数量呈现爆发式增长，尤其是在2015～2017年，三年间新设立的各级各类政府引导基金数量分别达到366只、493只和278只，目标募集规模分别达到1.65万亿元、3.78万亿元和2.59万亿元（见图1-1）。据统计，截至2021年末，我国累计设立了近2000只政府引导基金，覆盖国家级、省级、地市级和区县级各个层级，其中不乏百亿级的母基金，总目标募集规模超过12万亿元。在这一大背景下，政府引导基金成为传统政府投资的重要补充，也成为促进股权投资发展和资本市场建设的重要力量（国家发展改革委投资研究所，2018），其运行机制、资金去向和政策效果受到包括政府、金融机构、企业以及学界、社会公众的广泛关注。

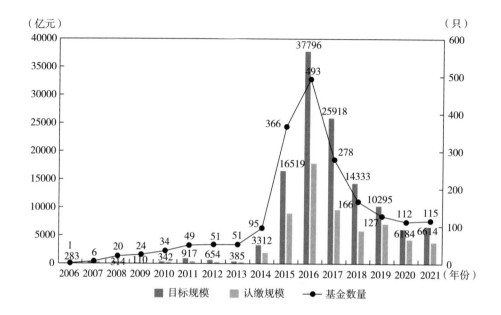

图 1-1 2006～2021 年我国政府引导基金设立情况

注：各机构对我国政府引导基金数量的统计存在差异，本图为不完全统计，与实际值之间存在一定差异，但整体趋势符合实际。

资料来源：2011 年以前数据来自《2017 年中国大众创业万众创新发展报告》，2011 年及以后数据来自清科研究中心《2021 年政府引导基金数据盘点》。

（二）政府引导基金的政策效果亟待系统客观的评估

对公共政策进行评估是政策制定和决策中必不可少的环节，近年来，政策评估工作受到越来越多的重视。国家"十三五"规划纲要明确指出，要完善政策分析评估及调整机制，为健全宏观调控体系、增强宏观政策协同性提供支撑。《政府投资条例》中也要求，要建立政府投资范围定期评估调整机制，不断优化政府投资方向。

随着政府引导基金体量的急剧增长，公众对政府引导基金政策效果的关注度明显提高，加强对政府引导基金政策效果的评估，既是满足公众知情权的必然要求，也是加强公众对政策执行的监督力度、推动政府投资体制改革的必然选择。

（三）原始创新在国际竞争中的重要性不断加强

我国在创新活动的投入上，以及在以数量计的创新成果上，与发达国家相比其实并不低，研发（R&D）经费占国内生产总值（GDP）的比重与经济合作与发展组织（OECD）国家平均水平大致相当，高出相近发展阶段的其他经济体约1个百分点①。但是，在原始创新、基础创新方面，我国与发达国家的差距却很明显。2017年，我国拥有的三方专利授权量仅为日本的1/7，美国的1/6②，而我国支付给其他国家的知识产权使用费与接收的费用之比为1∶0.3③。2021年，国家知识产权局公布的三类专利授权量中，获得授权的发明专利共计69.6万件，而实用新型专利和外观设计专利分别为312.0万件和80.6万件，尽管专利授权总量增长较快，但是最具创新含量的发明专利授权量仅占全部专利的15.1%④。我国利用后发优势，抓住发达国家技术转移和技术外溢的机遇实现了跨越式发展，但随着后发优势的逐渐消失，西方对我国技术转移的不断施压，加强原始创新已经成为必然的选择。近年来，随着中美竞争日趋激烈，关键核心技术领域原始创新不足的问题，已经从学术领域的隐性问题演变为现实中的显性矛盾。2022年8月，美国出台《芯片和科学法案》，禁止获得联邦资金的公司在中国大幅增产先进制程芯片，在我国引发制造业"缺芯"潮，在关键核心技术上缺乏原始创新能力对我国发展的掣肘，已经到了不言自明的程度。

（四）政府引导基金是促进原始创新的重要力量

作为孵化培育原始创新的重要力量，专注早期创新型企业的天使投资在美国、以色列等资本市场发达国家的创新发展过程中扮演了不可或缺的角色。美国知名的科技巨头苹果、微软、Facebook等在早期成长过程中都有天使投资的身影。据美国新罕布什尔大学创业投资研究中心发布的《2020年美国天使投资市场分析报告》称，2020年美国天使投资总额约253亿美元，活跃的

---

① 资料来源：世界银行WDI数据库。
② 三方专利（Triadic Patent），指针对同一发明，受欧洲专利局、日本专利局、美国专利与商标局共同保护的一组专利，是国际上公认最具研发创新价值的授权专利，该数据来源于OECD数据库。
③ 资料来源：商务部。
④ 资料来源：国家知识产权局。

天使投资人共有 33.4 万人，全年共有 6.4 万家企业获得了天使投资资金[①]。相对而言，我国天使投资起步较晚，天使投资体量明显不足。据机构统计，2020 年我国天使投资规模仅为 31.5 亿美元，占 GDP 的比重约为 0.02%，远低于美国。从地区来看，同样作为创新活跃度高、集聚度高的湾区，美国旧金山湾区天使投资的规模约占其 GDP 的 0.56%，而我国粤港澳大湾区的天使投资规模占 GDP 的比重仅为 0.03%[②]。市场化天使投资资金的不足，需要政府引导基金在早期投资市场上加以弥补。此外，创新企业的早期阶段伴随着较高的失败风险，市场化机构和个人出于风险—收益考虑，在投资早期企业时往往较为谨慎，进一步体现出政府引导基金在引导创业投资资金流向种子期、初创期企业上的重要性。

当然，投向早期企业的比重仅是衡量政府引导基金政策效果的一个方面，孵化独角兽企业的数量、创新成果的质量、推动培育新兴产业集群发展等效果，同样也是评价政府引导基金成功与否的重要指标。但是，从其本质功能来讲，政府引导基金的作用是弥补市场资金在投早期企业上的不足，引导参股基金投向早期企业尤其是早期高技术企业是政府引导基金最基本、最重要的功能。本书关注的，正是政府引导基金是否实现了引导创投资本加大对早期企业投资力度的政策目标。

二、研究对象与概念界定

（一）创业投资

创业投资（Venture Capital）一般认为起源于 20 世纪 40 年代的美国硅谷。与传统的银行信贷等金融服务不同，创业投资是在没有任何资产抵押的

[①] 资料来源：Center for Venture Research at the University of New Hampshire：Full Year 2020 Angel Market Analysis Report。

[②] 资料来源：深圳百亿规模天使母基金掌舵者："中国天使投资春天到来！"，https://new.qq.com/rain/a/20211207A0BIZY00。

情况下，以资金与创业者持有的公司股权相交换，交易的成功建立在投资者对创业者持有的技术或理念的认同基础之上。根据美国创业投资协会（National Venture Capital Association，NVCA）的定义，创业投资是由专业机构提供的投资于极具增长潜力的创业企业并参与管理的权益投资，其主要特征包括以下几点：一是投资对象是具有高成长性的创业企业；二是投资方式是股权投资；三是投资主体为积极投资者，即通过参与被投企业的管理或研发，为新产品或服务的开发、市场开拓等提供支持，除提供资金外还提供其他增值服务；四是投资风险较高；五是投资期限通常较长。NVCA 的定义较为全面地阐述了创业投资的基本特征，但也有两点受到了批评：一是该定义未将日益壮大的天使投资和企业创业投资（CVC）包含在内；二是未明确创业投资是面向非上市企业的投资。

创业投资从美国向欧洲等地扩散后，其概念内涵进一步丰富。由于金融体系、创业文化、法律制度等多方面的差异，欧洲的创业投资活动相对美国更为保守，投入到扩张期和重构期的比重相对更高。欧洲私募股权及风险投资协会（European Venture Capital Association，EVCA）将创业投资定义为"一种由专门的投资公司向具有巨大发展潜力的成长型、扩张型或重组型的未上市企业提供资金支持，并辅之以管理参与的投资行为"。EVCA 对创业投资的定义范围大于 NVCA，基本囊括了对所有未上市企业的股权投资行为，事实上将私募股权和创业投资的边界模糊化了。从 EVCA 和 NVCA 的定义对比来看，美国的创业投资更注重"初创""风险"等概念，而欧洲的创业投资更注重"发展潜力""积极管理"等方面。

OECD 综合了美国和欧洲对创业投资的不同理解，将创业投资定义为"一种向极具发展潜力的初创企业或中小企业提供股权资本的投资行为"，在强调"初创"为主的同时，支持将更大范围的私募股权投资（包括对所有非上市高科技企业的股权投资）纳入创业投资范畴。一些学者将美国强调面向初创期企业的创业投资行为称为狭义创业投资，而将扩展到所有非上市企业的股权投资行为称为广义创业投资。

我国对创业投资的定义结合了创业投资本土化过程中的特色。20 世纪 80 年代中期至 90 年代中后期，创业投资在我国开始萌芽，一批政府官员和学者主张将 Venture Capital 翻译成"风险投资"，其定义为"把资金投向蕴藏着失败危险的高技术及其产品开发领域，旨在促进新技术成果尽快商业化，以取得高资本收益的一种投资行为"（成思危，1999）。这一概念强调了创业投资的高风险高失败特性，但过度强调风险，忽视了资本内在的逐利性（高风险是与高预期收益相对应的），同时也将风险厌恶和风险中性的股权投资者排除在外。事实上包括政府、国有企业、银行等在内的创业资本提供者，或多或少都会表现出风险规避或风险中性的特征，但他们依然可以成为创业投资的重要参与者。此外，这一定义受到质疑的另一个原因是，所有市场投资行为都具有一定的风险性，一些针对非初创期非高技术企业的投资，甚至风险系数更高，单纯用风险标准来衡量创业投资有失偏颇。

有鉴于此，一些学者主张将 Venture Capital 翻译成"创业投资"，认为就其本质而言，创业投资是一种支持创业的投资制度创新，是指"向具有高增长潜力的未上市创业企业进行股权投资，并通过提供创业管理服务参与所投资企业的创建过程，以期在所投资企业相对成熟后通过股权转让实现高资本增值收益的资本运营方式"（刘健钧，1999）。根据这一定义，创业投资的特征可概括为：一是以股权方式投资；二是投资对象是具有高增长潜力的未上市创业企业；三是创业投资者为积极投资者，参与投资企业的成长过程。

从支持创业的角度去理解 Venture Capital 的观点逐渐占据了主流。2005年 11 月，国家发展改革委等十部委联合发布了《创业投资企业管理暂行办法》（发展改革委等 10 部门令 2005 年第 39 号），明确采用了"创业投资"的说法，并以规章制度的形式将创业投资明确为"向创业企业进行股权投资，以期所投资创业企业发育成熟或相对成熟后，主要通过股权转让获得资本增值收益的投资方式"。2006 年 2 月，国务院发布的《国家中长期科学和技术发展规划纲要（2006—2020 年）》则使用了"创业风险投资"的折中说法。一些相继出台的部门文件，如财政部、国家税务总局发布的《关于促进创业投资企业发展有关税收政策的通知》（财税〔2007〕31 号），国家发展改革委、财政部和商务部联合发布的《关于创业投资引导基金规范设立与运作的指导意见》等，都统一使用了"创业投资"的说法。

早期投资的概念和创业投资密不可分。一些机构在统计时将早期投资和创业投资合并统计。从定义上看，早期投资更强调投资阶段，在范畴上小于广义的创业投资，大于天使投资。例如，有机构将早期投资定义为针对原创项目构思或小型初创企业，以期帮助企业度过起步困难阶段而进行的天使轮或极早期投资。早期投资的高风险高收益特征往往比创业投资更明显。

尽管提法上从风险投资演变为创业投资，但其投资行为本身的高风险特征并没有改变，以初创期企业为主要投资对象的特征贯穿始终，事实上，时至今日，仍有相当一部分人认为风险投资就是创业投资。为了减少对私募股权投资、创业投资、风险投资、早期投资等概念的混淆和过多无谓的区分，本书关注的重点是投资行为本身面向的对象是否为早期企业，只要符合这一标准的，无论投资主体被归类为私募股权投资者、创业投资者、早期投资者或者更广泛的战略投资者、天使投资者、风险投资者等，都被纳入本书对创业投资行为的研究范畴。

（二）政府引导基金

政府引导基金在狭义上指政府创业投资引导基金，广义上则包含所有的政府产业投资基金。根据国务院办公厅转发发展改革委等部门《关于创业投资引导基金规范设立与运作指导意见的通知》（国办发〔2008〕116号），"引导基金是由政府设立并按市场化方式运作的政策性基金，主要通过扶持创业投资企业发展，引导社会资金进入创业投资领域。引导基金本身不直接从事创业投资业务"。从上述定义中可以看到，政府引导基金的投资对象是创业投资企业[①]，除少部分跟投外，政府引导基金通常不直接与创业企业发生财务关联。

国办发〔2008〕116号文也对政府引导基金的政策目标进行了界定，主要可归纳为以下几点：一是撬动社会资本。引导基金的宗旨是发挥财政资金的杠杆放大效应，增加创业投资资本的供给，克服单纯通过市场配置创业投资资本的市场失灵问题。二是鼓励投早投小。引导基金通过鼓励创业投资企业投资处于种子期、起步期等创业早期的企业，弥补一般创业投资企业主要投资于成长期、成熟期企业的不足。三是支持创新。由于政府引导基金一般不直接与创业企业发生财务关联，投早投小和支持创新这两个政策

---

① 在注册登记时，创业投资企业一般指基金实体（含公司制和合伙制形式），本书所称 PE/VC 机构指创业投资管理企业，通常以一般合伙人（GP）的形式出资创业投资企业，并对创业投资企业的投资运营进行管理。

目标主要通过设计激励约束机制对管理参股基金的 PE/VC 机构施加影响来实现。

从组织形式上看，政府引导基金和一般私募股权投资基金类似，也分为合伙制和公司制两类。以合伙制成立的政府引导基金，一般由各级财政部门担任政府出资人，与其他社会出资主体（包括金融机构、企业、富有家族及个人、捐赠基金等）共同担任基金有限合伙人（Limited Partner，LP）的角色，而政府引导基金的管理机构一般需要出资一部分资金成为普通合伙人（General Partner，GP）的角色。政府引导基金的管理机构一般通过政府采购或政府部门直接指定[①]等方式产生，典型的合伙制政府引导基金如国家新兴产业创业投资引导基金等。公司制的政府引导基金则一般由政府出资人联合社会出资方成立有限公司，出资人担任公司股东，并由股东大会的形式委任基金公司的管理团队，典型的公司制基金如改制后的国家中小企业发展基金等。目前，约有90%的政府引导基金以合伙制形式设立。在优劣势上，合伙制和公司制基金各有利弊。合伙制的组织方式更有利于发挥市场的主导作用，避免政府出资人对基金日常管理和投资决策的过度干预；而公司制的组织方式则赋予了政府出资人对投资管理更大的话语权，在推动政策目标的实现上更为直接。

从基金层级上看，按政府出资人的性质，一般将政府引导基金分为国家级、省级、地市级、区县级四个层级。国家级政府引导基金的数量较少，但单只基金的规模体量较大，合作对象以市场上头部 PE/VC 机构为主。大部分省（自治区、直辖市）都设立了省级政府引导基金，北京、上海、江苏、浙江、广东等地政府引导基金数量最多，这些地区本身中小企业聚集度较高，政府资金和社会资本较为充裕，创业投资活动起步较早，具备发展政府引导基金的天然优势。近年来，随着国家级、省级政府引导基金设立的渐趋饱和，新设立政府引导基金以市、县级为主，据统计，2022 年上半年新设立的政府引导基金中，区县级基金占50%，地市级基金占33%，省级及以上基金仅占 17%。

从运作方式上看，政府引导基金的运作方式主要有三种。第一种方式是

[①] 一般适用于政府全资的引导基金。

参股创投基金，即政府引导基金以股权投资的形式，联合社会资本共同发起设立创业投资企业。第二种方式是融资担保，即政府引导基金为信用良好的创业投资企业提供融资担保，增强其债权融资能力。第三种方式是跟进投资，即对于政府引导基金所投的创业投资企业支持的创新型企业，符合政策重点扶持方向的，引导基金可以按适当比例对该创新型企业进行股权投资。在实际操作中，参股创业投资基金是政府引导基金最主要的运作模式。以国家新兴产业创业投资引导基金为例，80%以上的资金以参股设立子基金方式运作，仅有不到20%的资金以跟进投资的方式运作。出于防风险以及收益率等考量，我国从事融资担保业务的政府引导基金数量很少。本书重点考察参股基金这一运作方式。

在实际操作中，由于不同地方政府对政府引导基金的理解存在较大分歧，事实上很难对政府创业投资引导基金和政府产业投资基金进行严格的区分。本书的研究对象是以创业投资基金为参股对象的政府引导基金，因此不严格区分该政府引导基金设立时专注于"创业投资"，或者将产业项目也作为投资对象，从而降低了政府引导基金和政府创业投资引导基金在统计上的区分难度。

（三）PE/VC 机构

私募股权投资（Private Equity，PE）机构，指从事私募投资基金管理的专业机构。根据《私募投资基金监督管理暂行办法》（证监会令 2014 年第 105 号），私募投资基金指以非公开方式向投资者募集资金设立的投资基金。创业投资（Venture Capital，VC）机构，指从事创业投资基金管理的专业机构。根据《创业投资企业管理暂行办法》（发展改革委等 10 部委令 2005 年第 39 号），创业投资指向创业企业进行股权投资，以期所投资创业企业发育成熟或相对成熟后主要通过股权转让获得资本增值收益的投资方式，创业企业则指处于创建或重建过程中的成长型企业，但不含已经在公开市场上市的企业。

PE 机构和 VC 机构的区别主要源自投资阶段的区分。例如，有市场机构将广义私募股权投资定义为对所有 IPO 之前及之后（除二级市场公开交易）企业进行的股权或准股权直接投资，投资对象包括种子期、初创期、扩张期和成熟期企业，将狭义的私募股权投资定义为对具有大量和稳定现金流的成熟企业进行的股权投资，而对创业投资的定义则是通过向新兴的、迅速发展的、有巨大竞争潜力的创业企业提供股权资本，并为其提供管理和经营服务，期望在企业发展到相对成熟或企业上市后，通过股权转让获取高额中长期资本增值收益的投资行为，投资阶段主要为初创期和扩张期，投资轮次一般在A轮前后。按投资阶段从早至晚划分，还可将早期投资（天使投资）机构单独划分出来，依次分为早期投资、创业投资和私募股权投资①。

事实上，无论是定位为早期投资、创业投资还是私募股权投资的机构，在具体投资中均有投资早期阶段企业或进行早期轮次投资的行为。为了便于区分，本书不通过机构性质去考量，而是通过具体的投资行为去考量，也即无论机构定位是早期机构、VC机构还是PE机构，只要其接受政府引导基金出资，且投资标的中包含早期轮次（B轮之前）投资，均为本书的考察对象，在本书中统称为PE/VC机构。

（四）投资阶段和风险偏好

PE/VC机构的投资阶段一般用两种方式定义：一种是按企业的融资轮次；另一种是按企业所处的发展阶段。投资阶段与投资风险密切相关。

按融资轮次看，创业企业往往要经历多轮融资。在本书创业投资数据主要来源的清科数据库中，投资轮次被划分为种子轮、天使轮、Pre-A轮、A轮、A+轮、Pre-B轮、B轮、B+轮、C轮、C+轮、D轮、D+轮、E轮、F轮、G轮、Pre-IPO轮以及上市或挂牌后的定向增发。不是所有企业都会经历每一个投资轮次，一些发展较快的企业在经历了B轮、C轮融资后就很快进入Pre-IPO轮次（上市前融资）。无论企业在上市前经历了多少轮融资，B轮前融资（包括种子轮、天使轮、Pre-A轮、A轮和A+轮）通常都被视作早期投资（见图1-2）。一般来说，融资轮次越靠后，企业的资金流越稳定，被市场认可接受的程度越高，联合投资者越多，投资的风险也越低；反之，融资轮次越靠前，投资风险越高。

---

① 市场上有一些机构参照早期投资、创业投资、私募股权投资这一划分方法，也有一些机构将早期投资并入创业投资中考虑。

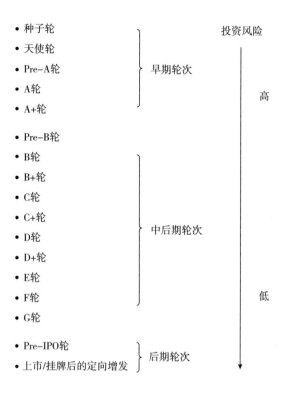

图1-2 企业融资轮次及其对应的投资风险

用企业发展阶段来定义投资阶段在标准上更为模糊，也存在更多争议。目前，关于早中期、初创期阶段的定义，国内多数政府引导基金在实际操作中沿用国家发展改革委和财政部在2009年用财政资金试点风险投资时提出的"522标准"，具体为：初创期企业的标准是企业成立时间不超过5年，职工人数不超过300人，资产总额不超过3000万元人民币，年销售额或营业额不超过3000万元人民币；早中期企业的标准是职工人数不超过500人，资产总额不超过2亿元人民币，年销售额或营业额不超过2亿元人民币（见表1-1）。

表1-1 "522"标准对企业阶段的划分

	成立时长	职工人数	资产总额	年销售额/营业额
初创期	≤5年	≤300人	≤3000万元	≤3000万元
早中期	—	≤500人	≤2亿元	≤2亿元

资料来源：《新兴产业创投计划参股创业投资基金管理暂行办法》。

以"522 标准"判断投资阶段的优势是简洁明了、便于操作且有上位文件的支持，这也是其至今仍受到广泛应用的主要原因。但是，"522 标准"的缺陷也很明显。"522 标准"事实上是在用"中小微企业"的标准来判定"早期企业"，但中小微企业和早期企业在本质上有较大差异，市场上绝大多数的企业终其生命周期都只是中小微企业，即使处于企业的衰亡期，也能够满足"522 标准"。国家工商和税务填报系统的数据显示，成立 10 年的企业中满足"522 标准"的比例仍高达 96.3%，但这些企业显然并不是政府引导基金支持早期的理想标的。"522 标准"的另一大弊端在于，随着大量资金涌入高技术产业，一些新兴领域的初创企业资产总额早已超过 2 亿元的门槛，尤其是在新能源汽车、新材料、生物等热点领域，这一现象尤为普遍，创业投资单笔平均投资额的快速提升就是一个鲜明的佐证。用"522 标准"将这些企业排除在外，可能会导致一些优质的创新型企业得不到政府引导基金的支持。距离"522 标准"制定的时间越久，应用"522 标准"发生"存伪"和"去真"两类错误的概率越高。鉴于此，一些政府引导基金和市场机构尝试用更符合当前市场特征的标准去划定企业是否属于早期阶段。近年来，国家发展改革委、工信部等都在依托国家新兴产业创业投资引导基金和国家中小企业发展基金等探索通过企业划型标准、企业所处行业领域、企业成立时长等综合指标来考量企业所处阶段。如，国家发展改革委在 2021 年发布的《创业投资主体划型办法（征求意见稿）》中，将种子期企业定义为尚处于酝酿和发明阶段的、仅有原型产品或概念、没有或很少销售收入的企业，将初创期企业定义为产品开发完成尚未量产、或商业模式经过一定验证需要更大范围推广的企业，将成长期企业定义为产品已被市场肯定或商业模式已经过一定范围验证、实现营收的企业，将成熟期企业定义为营收稳定增长、或商业模式成熟、在所处行业具有一定地位、有较强的生存能力和竞争能力的企业。

一些市场机构也尝试制定不同于"522 标准"的企业成长阶段划分方式，如清科将企业成长阶段划分为种子期、初创期、扩张期和成熟期。其中，种子期企业定位为处于商业尝试期，尚在初步探索商业模式、开发技术和产品的企业，企业成立时间多为 1 年内。初创期企业定义为已完成产品开发但尚未大量商品化生产的企业，企业成立时间一般为 1~3 年，个别研发周期较长的产业所经历的初创期会更长。扩张期企业定义为产品已被市场肯定的企业，此阶段企业成立时间一般为 3~10 年。成熟期企业营收稳定增长并开始盈利，企业可进行上市规划，企业成立时间一般超过 10 年。从市场机构的分类标准中不难看出，尽管"522 标准"被质疑有"一刀切"的嫌疑，但是它仍是目前对企业阶段划分最明确的标准，有严格的数量定义，而其他机构的划分标准主观随意性较强，往往由投资者自行判断企业所处阶段，从政府引导基金的考核层面来说，较难对管理机构行为形成有效约束。

　　与不同融资轮次对应不同投资风险类似，不同的企业发展阶段对应的投资风险也存在明显差异。一般来说，投资阶段越早，风险越高。种子期企业尚处于萌芽阶段，核心产品、服务还处于概念阶段，市场推广遥遥无期，内源融资紧缺，银行贷款等外源融资又出于风险考虑不愿进入，投资失败的风险较高。初创期企业经过了 1~3 年的发展，产品、概念初步成型，但尚未得到广泛的市场验证，因此缺少业绩积累，一方面企业发展对资金的需求较为迫切，另一方面容易受到来自市场上在位企业的挤压，大部分企业的失败在此阶段发生，投资风险同样很高。扩张期企业已在市场上占有一定份额，其核心产品已被市场肯定，可以用经营业绩换取银行等除创业投资外的其他类型出资人出资，投资风险大幅降低。成熟期企业已经在细分市场上占有较为稳定的市场份额，拥有较为稳定的客户群体，投资风险较低，相应的收益增长空间也较低（见图 1-3）。

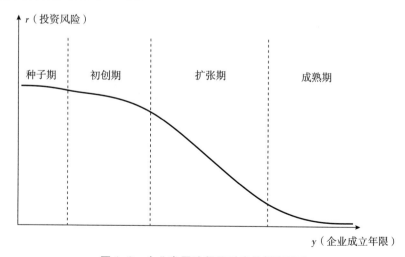

图 1-3　企业发展阶段及对应的投资风险

由于企业的平均风险难以量化，本书对 PE/VC 机构风险偏好的衡量主要用其投资阶段来替代，投资阶段越偏早期，意味着该 PE/VC 机构对风险的偏好越强。而在投资阶段衡量指标的选择上，相比争议较大的企业所处阶段，企业融资轮次有更为明确的判断标准，更容易量化界定。此外，融资轮次和企业所处阶段有较为明确的对应关系，如早期融资轮次一般发生在企业的种子期、初创期阶段，而中后期融资轮次则一般发生在企业的扩张期、成熟期阶段。基于上述两点考虑，本书在计量部分主要采用企业融资轮次作为衡量投资阶段的标准。

三、研究问题

本书要研究的核心问题是，政府引导基金参股是否会对参股基金 PE/VC 管理机构的风险偏好产生影响。此问题又可拆分为两个问题：一是政府引导基金参股的基金与其他可比基金在投资风险偏好上是否有差别；二是管理政府引导基金参股基金的 PE/VC 机构与其他可比 PE/VC 机构在投资风险偏好上是否有差别。

本书之所以要分别考察参股基金的风险偏好和其管理机构整体的风险偏好，是因为注意到了以下两个问题的区别：政府引导基金究竟是通过与基金的合约设计约束了 PE/VC 机构的行为，还是通过改变 PE/VC 机构的内在特征而改变了其投资行为？二者的区别在于，前者是 PE/VC 机构出于尊重合约（或害怕惩罚）而被动作出的行为调整，而后者则是 PE/VC 机构在软约束改变的前提下主动作出的调整。这两个子问题也对应了本书的两组假说。

第一组假说是针对政府引导基金对参股基金的合约设计提出的。一些政府引导基金在与参股基金的合伙协议中会明确要求，参股基金总规模或总投资案例的一定比例必须投向早期企业或项目。此外，返投要求和保值增值要求也常作为政府引导基金出资的附加条款。返投要求指参股基金必须按一定比例投向政府引导基金指定地区的企业或项目，通常是该政府引导基金中财政资金主要来源的省/市/区县。保值增值要求在某些时候会以门槛收益率的形式明确在合伙协议中，而在另一些时候，该要求并不以明文形式约定，而是会体现在对 PE/VC 机构的考核甚至是对投资决策的直接干预上。一些政府引导基金也会通过让利机制鼓励 PE/VC 机构实现政策目标，如果 PE/VC 机构的投资回报达到一定倍数，或投资早期企业的比重达到某一门槛，或支持的企业成长为独角兽企业，或孵化培育出一定数量的高新技术企业等，那么政府引导基金将从分红中拿出一部分作为对 PE/VC 机构的"奖励"。阶段要求、返投要求、保值增值要求和让利机制都可能会改变创投机构的风险偏好，本书除定性分析每种要求可能对 PE/VC 机构风险偏好的影响外，还尝试通过定量分析的方式判断，哪种机制是政府引导基金影响 PE/VC 机构风险偏好的主要机制。

第二组是针对政府引导基金对 PE/VC 机构内在特征的改变而提出的。政府引导基金参股对 PE/VC 机构最直接的改变是增加了其管理的资本量，使得 PE/VC 机构的投资能力明显提升。其次，拥有政府信誉的背书有利于提升 PE/VC 机构在创投市场中所处的地位，尤其是对于非头部的中小 PE/VC 机构，在尚未获得市场广泛认可的前提下，拥有政府支持无异于向潜在的投资对象及潜在合作者释放了一个积极信号——该 PE/VC 机构值得被信赖且可能拥有其他未与政府合作的 PE/VC 机构所不具备的资源。再次，政府引导基金参股并不意味着仅有资金支持，多数政府出资人会通过项目推介、对接金融资源、推荐退出绿色通道等方式，使 PE/VC 获得在与政府引导基金合作之前无法接触到的资源。上述机制都有可能改变 PE/VC 机构的内在特质，从而改变其风险偏好，这一效果是参股合约条款所无法尽述的，因为其影响不局限于政府引导基金参股基金本身，还延伸至 PE/VC 机构管理的其他非政府引导基金参股基金，唯有比较 PE/VC 机构在与政府引导基金合作前后整体投资行为的变化才能进行判断。

在实证研究方法上，本书主要应用了反事实估计（Counter-factual Evaluation）的思想，在此基础上综合应用固定效应模型（Fixed Effects Model，FE 模型）、倾向得分匹配（Propensity Score Matching，PSM）、事件分析法（Event Study）、安慰剂检验（Placebo Test）、调节效应模型、断尾回归（Truncated Regression）、异质性分析等方法进行实证研究。反事实估计法常用于政策效果的评估（Program Evaluation），其试图在一个反事实框架中论证某项政策的实施是否产生了确切的因果影响，内在逻辑可以总结为：事实（F）指在某项政策（P）的影响下可观测到的某种真实状态或结果，反事实（F′）是指在其他条件完全一样但不执行政策 P 时的状态或结果，F 与 F′之间的差异，就是政策 P 的影响；由于 F′无法在现实中被观测到，需要通过找到与研究对象相类的未受政策 P 影响的对象来近似 F′的状态，以完成反事实因果推论。

在本书中，F 指创投基金接受政府引导基金出资（政策 P 影响）后的投资行为，F′则指创投基金未接受政府引导基金出资时的投资行为。由于同一只基金不可能同时接受和不接受政府引导基金出资，所以只能观察到一部分基金的 F 状态，和另一部分基金的 F′状态，为了使 F 和 F′可比，必须对实验组（Treatment Group）和参照组（Control Group）进行某些条件上的限制，这种施加限制的过程可视为剔除筛选效应（Screening Effect）的过程。如果在剔除了筛选效应后，F 和 F′没有显著差异，那么则无证据表明政策 P 对受作用对象产生显著影响。如果剔除筛选效应后，F 和 F′存在显著差异，那么则不能拒绝政策 P 显著改变了受作用对象行为的假设，即政策的处理效应（Treatment Effect）显著。

本书中的筛选效应主要来自于"政府引导基金会优先出资偏好早期投资的 PE/VC 机构管理的创投基金"这一假设。基于这一假设，在以创业投资基金为研究对象时，剔除筛选效应的方法非常直观——将参照组控制为同一 PE/VC 机构管理下的其他基金。根据这一思想，可以很自然地得到实验组 A（获得政府引导基金出资的创业投资基金）和参照组 A（与实验组 A 同一 PE/VC 机构管理下的未获得政府引导基金出资的创业投资基金）。在以 PE/VC 机构的整体投资行为作为研究对象时，剔除筛选效应则需要用到控制变量的方法。例如，比较管理资本量相近、成立年份相近、机构性质一致（同为本土或同为外资）、机构定位一致（同样以投早期为主或同样以投中后期为主）的投资机构行为。根据这一思想，可以得到实验组 B（管理政府引导基金参股的创投基金的 PE/VC 机构）以及参照组 B（未管理政府引导基金参股的创投基金且与实验组 B 可比的 PE/VC 机构）。实验组和参照组的设计如图 1-4 所示。

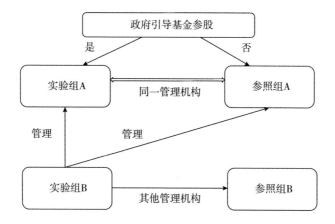

图 1-4 实验组和参照组的设计

第二章 国内外相关文献综述

投资、创新与不确定性高度关联。投资对于推动技术进步有较强的正向作用，其中创业投资由于更高的风险容忍度和更完备的风险管理机制，在推动技术创新方面比其他类型的投资具有更显著的作用。创业投资的正外部性特征，为政府参与创业投资市场提供了依据，而交易成本、信息不对称的存在，使得政府直接参与创业投资市场存在失灵问题，政府引导基金的组织架构基于此产生。大量文献对国内外政府引导基金的效果进行了研究，对政府引导基金作用的评价褒贬不一。

一、投资、风险与创新

古典经济学理论认为，投资与不确定性密切相关。资本积累具有潜在的不稳定性（Harrod，1939），投资意味着企业需要权衡确定的现期成本和不确定的未来收益（萨缪尔森和诺德豪斯，2017）。奥地利学派对投资的不确定性及其与创新发展的紧密联系做了较多探究，如米塞斯（2013，2015）认为，对于未来的需要和价值，未来的科技知识以及未来的意识形态和政策，除了以程度高低的可能性表示外，都是无法预测的，任何行动都是一种风险性投机。罗斯巴德（2015）认为，企业家对创新的投资，本质上是对不确定性作出的预期，是为了更好地满足市场需求以获取超额利润的手段，成功的企业家是能够正确预测到其行动所发生的环境中的变化并进行相应投资的人。

哈耶克（1937）和熊彼特（2009，2017）认为，知识、技术和经济的演化固然是由敢于冒险的知识发现者推动的，但前提是他们有足够的激励去保持对新技术的敏感和从事创新，市场竞争以及超额利润可能为他们提供了这样一种激励。这里所指的超额利润，就是通过对不确定性的投资而产生的。

奥地利学派认为，古典经济学家夸大了技术进步对资本形成的制约，主张投资在较大程度上可以推动技术进步，从而拓展自身的边界。如米塞斯（2015）认为，如果储蓄和资本积累没有预先准备物质手段，那么技术的改进是无法得到实际利用的，不能充分利用有关生产和技术的知识的原因，就在于积累的资本供应量不够充足。米塞斯比较了发达国家与不发达国家的历史数据，认为相比资本供应，技术在生产中的重要性相对较弱。罗斯巴德（2015）也认为，是投资决定了技术水平，而非技术水平决定投资和生产力，投资和生产力在任意时间所受的约束是储蓄的资本的稀缺性，而非技术知识的状态。要让新的发明投入使用，就必须投资更多的资本，新的技术只有通过扩大投资才能扩大应用，从而带来更大的产出。罗斯巴德（2015）进一步认为，技术确实为生产边界设下了限制，但资本却是比技术更为严格的制约，因为技术及其改进在投资和生产过程中并不扮演直接的角色，而是必须通过投资才能发挥作用。

发展经济学理论则认为，增量的和不连续的研发都是投资的一种形式。罗斯托（2016）认为，投资就是在考虑风险和专用性的基础上，通过配置人类目前拥有的才能和资源，以图在未来至少实现与这些资源配置在其他方向上相当的预期成本收益比，从休谟到凯恩斯，所有睿智的经济学家都曾指出，投资是一种创造性的冒险活动，人们致力于这类冒险活动的激励已经超越常规的收益激励，相比一般的投资行为，研发上的投资也许更是如此。不过，从罗斯托提供的跨国经验事实来看，技术水平对投资率也存在直接或间接的决定作用，一个明显的证据是，在那些快速扩散新技术或者快速吸收未使用过的技术的部门中，增长率、利润与厂房和设备投资均显著高于其他部门。

货币经济学将对投资的定义从狭义的物质资本形成拓展到更广泛的货币投融资概念上。熊彼特认为，金融体系为创新活动提供了必要的购买力，是创新的首要条件，这一观点得到大多数学者的认同。但是，关于何种金融结构能以最大限度推动创新存在争论。在 Merton（1995）提出的六大金融功能中，银行与资本市场在支持创新上的差异主要体现在管理风险和信息处理上。一些学者认为，银行主导的金融体系在动员储蓄、选择项目、监督企业和管理风险等方面优于市场主导型，银行对低风险的偏好会加强其管理风险的能力（Diamond，1984；Stiglitz，1985）。另一些学者则认为，资本市场主导型的金融体系在信息透明、价格发现、推动科技创新以及改善企业管理等方面表现更好。对于本身失败概率较高的创新型企业而言，风险分担的需求远高于传统企业，而资本市场在风险承受意愿和分散能力上显著高于银行等传统金融机构（Jensen & Murphy，1990；Holmstrom & Tirole，1997；Purewal & Haini，2022；张晓朴等，2021）。在信息处理这项功能上，大多数学者也认为资本市场比银行更有优势，资本市场信息集中显示、生产和信息处理上的敏捷性，对于以摩尔定律高速发展的科技创新而言至为关键，而信贷市场缺乏信息反馈机制，不利于及时校正投资者预期，最终呈现的效果就是外部融资依赖性强、技术密集型产业在资本市场发达的国家更为活跃（Hsu et al.，2014；Didier et al.，2021）。还有一些学者认为，银行主导和资本市场主导的金融结构对创新的作用取决于经济发展阶段，发展中国家的创新活动对银行信贷的依赖度更高，但随着发展水平提高，创新活动对银行业发展的敏感度逐渐下降，对资本市场发展的敏感度却逐步提升（Demirguc－Kunt et al.，2013；景光正等，2017；应晓妮和宁卉，2022）。

在资本市场类型中，创业投资由于对风险更高的容忍度和不同于其他投资类型的机制设计，被认为与技术创新存在更密切的关联。有研究表明，创业投资的收益分布特征与普通证券投资有很大不同，普通证券投资的收益分布接近于正态分布，而创业投资在低收益区域的分布概率很高，在高收益区域的分布概率很低，接近于指数分布（李吉栋，2011）。

关于创业投资的风险，一般认为来源于两个方面，一方面是技术创新本身的风险，另一方面则是投资管理中由于高度信息不对称产生的风险。

技术创新的特点在于其潜在价值的不确定性和由此导致的创新过程中的高风险性（吕炜，2002）。技术创新过程中的复杂性与不确定性，使得技术创新的良好动机并非带来成功的技术创新（潘朝相和梁云志，2009），甚至在多数时候，失败才是技术创新的常态。有实证研究表明，技术创新项目的技术失败率、商业失败率和经济失败率分别高达40%、70%和88%（吴运健等，1996）。一些学者将技术风险定义为由于技术开发失败的可能性、生产工艺开发失败的可能性以及技术效果的不确定带来的风险，其产生的原因可能包括研究方向选择错误、技术本身不成熟、在研发过程中有替代技术出现以及技术无法规模化生产等（谢科范，1999）。从技术生命周期的角度来看，技术开发转让过程前期至中期，技术不成熟度高、费用支出高，而成功率低、不确定性强，各种风险类型最多（王立新和李勇，2007），而在技术转化的中后期，随着技术成熟度的提高，对能否取得成功的可判断度逐渐提高，不确定性下降，风险显著降低，这是大部分投资者只愿意买入成熟或接近成熟技术的主要原因（吕炜，2002）。对于技术创新过程中的风险，有许多学者进行了多种类型的归因，有一些学者甚至将其细分为多达几十种风险因素，但无论将风险细化成何种类别，在技术创新的早期阶段，投资风险都是最高的。

投资管理的风险主要来源于创业投资市场上严重的信息不对称。私募股权投资不同于公开市场证券交易的最大特点是，私募股权投资市场没有强制性的信息披露机制，也缺少完备的信息传播渠道和信息反馈机制，这种特征虽然为投资者提供了更大的套利空间，但是同时提高了投资的不确定性和投资失败的风险。为了规避此类风险，创业投资者发展出了多种避险手段，典型的如分阶段注资机制，即投资轮次一般与企业技术创新过程中的重要节点相挂钩。这种机制事实上为创业投资者提供了一种期权，如果初创企业在技术创新过程中遇到不利的外部环境，那么创业投资者可以中止投资及时止损，而如果创业企业的技术或产品有较好的市场推广价值，那么早期投资的创业投资者拥有优先出资的权利（Bigus，2006）。此外，分阶段注资机制也能有效降低初创企业家的道德风险问题，通过将静态博弈变成多阶段动态博弈，创业投资者可以通过观察创业企业家的行为来判断其内在类型，从而减少信息不对称（Gompers & Lerner，2006）。

除上述两类主要风险外，还有一些学者总结了创业投资过程中面临的其他风险，包括市场风险、政策风险、财务风险以及企业自身的管理风险等。其中，市场风险指企业的创新产品无法被市场所接受的风险，可能表现在创新产品与消费者的需求不符、细分市场规模过小，以及由于资金缺乏导致的推广困难。政策风险指由于社会政治、国家或地方法律法规政策等条件的变化导致的创新失败或受挫，国际竞争中对高端电子元器件出口的严格规制和对境外投资高技术企业上市的严格审查均属此类风险。财务风险指企业在发展过程中不能合理规划现金流，导致企业无法按期偿还到期债务，信用度降低，增加企业再融资难度和融资成本，甚至导致企业破产等现象，此类风险在创业企业中较为常见。管理风险指企业的发展战略、管理模式等不能适应企业的快速成长，从而导致企业在蜕变期迅速衰落的风险。

二、创业投资的外部性

创业投资通过加强企业对知识的吸收能力、提高企业对非连续性技术的敏感度、加强企业的知识产权保护等，显著推动了创新。创业投资的正外部性是政府参与创业投资市场的重要依据。

（一）创业投资对创新的推动作用

创新活动的明显特征是具有正外部性。外部性的存在，使得创新企业在独自承担创新活动成本的同时，却不能独享创新活动的收益，削弱了企业对研发的投资积极性（Bresnahan & Salop，1986）。广义上的投资（包含物质资本形成和货币投资）与创新之间存在密切关联，而随着技术进步速率的加快，资本市场对创新的推动作用逐步提升。在资本市场的各类形式中，创业投资与创新的关联又最为直接。

首先，创业投资可以加强企业对知识的吸收能力。企业对知识的吸收能力包括获取、吸纳、转化和开发利用外部知识的能力（Cohen & Levinthal，1990）。企业吸收外部知识的能力与其已拥有的内部知识或称为"知识基"密切相关，企业拥有的技术存量决定了其能否有效地识别、吸收和利用外部技术（郭斌等，1997；Lane & Lubatkin，1998）。知识发展呈现出的路径依赖特征，正是源于知识这种累积性进化的本质（Dosi，1982）。创新的高风险性、技术的复杂性和市场竞争环境的动态演化要求企业转变依靠内部知识的传统创新路径，从外部知识中找到解决新颖性、突破性创新问题的答案，从而赢得或保持竞争优势（Zahra & George，2002；季蕴慧，2020）。龙勇和时萍萍（2012）以对知识的吸收能力为中介变量研究了风险投资对企业技术创新的影响，发现风险投资介入后，会提高企业对知识的静态吸收能力（表现在员工能力、教育背景和专业技能等维度上）和动态吸收能力（表现在吸收机制、识别能力和转化能力等维度上），而知识吸收能力的提高又对企业技术创新绩效的提升和技术创新风险的降低有积极作用。Inderst 和 Mueller（2009）发现，创业投资对企业的价值在高度竞争的产业领域中更大，在具有学习曲线的产业、拥有规模经济的产业和具有网络效应的新兴产业领域中表现得更为明显。Park 和 Steensma（2012）利用计算机产业、半导体产业和无线产品产业的样本研究发现，当企业需要特殊性的补充资产或在不确定环境下运作时，创业投资的参与对技术研发的正向作用最大。

其次，创业投资对推动非连续性技术进步有显著作用。所谓非连续性技术进步，是指在技术高速发展过程中出现的离散的、非线性的、非连续性的技术变革，通常表现为从一种技术转移到另一种技术的生命周期中，或是从一个技术的子周期转移到另一个子周期中（Ehrnberg，1995）。非连续性技术进步可以改变现有的技术生产竞争力模式，创造出新的结构模式，相比连续性技术，非连续性技术更接近"革命性技术"（Abernathy & Clark，1985）。新的技术需求折射在路径上的不连续性发展，是为满足新的创新需要而发生技术发展方向的重大调整，脱离原有技术轨道、进入新轨道的技术就是公共部门所追求的突破性、颠覆性技术创新（邓向荣等，2022）。由于非连续性技术在较大程度上脱离了原有的技术发展路径，在位企业囿于已有的认知范式较难理解和注意到这种技术的更新迭代，因此需要更多外部力量的介入来促进非连续性技术创新。许多研究证明，创业投资能够提高企业对非连续性技术的敏感性。如 Maula 等（2013）比较了有创业投资支持的企业和没有创业投资支持的企业，发现前者明显表现出对非连续性技术创新更高的敏感度和警觉性，这是由于创业投资能为企业提供更有经验的管理团队，更重要的是，创业投资与企业的合作产生了某种异质性，能帮助企业更快跳出原来的固定范式，将管理层的注意力引到新涌现的非连续性技术以及与之对应的商机上。Benson 和 Ziedonis（2009）认为，创业投资为初创企业提供了大量的信息，而这些信息对于发现非连续性技术是至关重要的。Hellmann 和 Puri

（2000）研究发现，创业投资等机构投资者的参与能大大缩短新产品、新技术从投放市场到被市场接纳的周期，从而激励企业加大研发投入。

最后，创业投资能够显著影响企业的知识产权战略，提高企业生产和保护自主知识产权的积极性。产权指为不让他人使用一项资产的权利，以及使用、向他人出租或出售该资产的权利。产权可以附着于有形资产，也可以附着于知识资产。排他性是产权的最典型特征。专利代表一些权利，这些权利为排他性地使用有价值的知识提供了保障，是建立知识产权的一种方式（Coase，1988）。许多实证研究表明，加大知识产权保护力度可以有效地保护企业投入研发的积极性。Sandner 等（2016）对美国 531 家初创企业的实证研究发现，创业投资进入后，企业拥有的发明专利数显著增加，这表明创业投资显著改变了企业的知识产权（Intellectual Property）战略。同时他们也发现，创业投资对企业知识产权战略的影响在企业所处的不同阶段上是不同的，对发明专利数的正向影响主要集中在前三轮融资中，这也表明，只有早期进入才能达到激励创新的最大效果。

创业投资通过提高企业对非连续性技术进步的敏感性、加强企业对知识的吸收能力、提高企业生产知识产权生产的积极性等，显著推动了创新。Geronikolaou 和 Papachristou（2012）利用 ARDL 模型检验了欧盟国家创业投资案例数和专利申请数的面板数据，证明一国在 t 期创业投资案例的数量是由 t 期之前的若干期创业投资案例数以及若干期专利申请数共同决定的，表明创业投资的兴起是创新发展到一定阶段的内在需求和必然结果。

（二）创业投资对初创企业的帮助

大量的实证研究表明，创业投资机构为市场提供了鉴别公司质量的有用信号，大大节约了交易成本，提高了资源配置效率。创业投资机构节约交易成本，主要通过以下途径实现：

第一，创业投资者通过与初创企业共享社交网络，帮助企业更快建立社交网络。Sweeting（1991）认为，创业投资者在对企业做尽职调查时的搜寻成本较高，因此有较大的激励保护所感兴趣的企业少受外部竞争威胁，帮助企业建立强大的社交网络正是帮助其建立市场地位的一种重要方式。Hallen（2008）使用 2000~2005 年美国 92 家互联网安全企业和专业投资者之间潜在的初始和后续连续数据发现，新组织早期通过创始人关系和人力资本获得初始网络位置，在形成第一个关系后，其通过关系方获得新的网络位置，企业最先缔结合作关系的创业投资机构的社会网络会影响企业后续发展所缔结的社会网络，在相同条件下，最初为企业投资的机构建立的社会网络越具有凝聚力，该企业在后续发展中在行业内所处的地位就会越高。Ozmel 等（2013）通过对生物科技企业及其投资机构的实证研究发现，创业投资机构所处的网络位置会显著影响被投企业的网络位置，创业投资机构所处的网络位置越突出，获得其投资的初创企业越容易获得有利的市场地位，因为初创企业通过与创业投资机构的投资纽带而获得了更多的网络资源，进入创业投资机构网络的位置越早对企业的影响越显著。Milanov 和 Shepherd（2013）的研究也表明，企业的初始社会网络关系会对其未来的市场地位产生持续性影响。潘朝相和梁云志（2009）认为，联合风险投资（Venture Capital Syndication）形式使得初创企业可以更充分利用由风险投资家所形成的社会网络，并从该网络中获取更广泛的有关技术、组织和市场的知识，从而大幅降低初创企业进行技术创新的不确定性。

第二，创业投资机构可以优化初创企业的管理体系，降低委托—代理风险。Sahlman（1990）认为，创业投资者一般会获得 2.5% 的资本利得和 20% 的公司利润作为业绩报酬，这种回报对创业投资者的业绩高度敏感，而一般公司的管理层所获得的报酬对其业绩不够敏感，创业投资公司的这种业绩敏感的报酬制度有利于创业投资者与投资者的利益达成一致，此外，由于绝大多数报酬来自利润分成，也能阻止没有能力的创业投资者进入该市场。Sweeting（1991）认为，企业管理人员和创业投资者之间的关系模式在不同条件下存在较大差异，当创业投资者对被投资公司的负责人存在信心时，他们不会对企业管理过多干预，反之，创业投资者会专注于解决企业管理中的问题；创业投资者和公司管理层一样，对他们投资的企业制定期望，当公司发生财务问题时，创业投资者可能会决定采取行动以减少损失。Gompers 和 Lerner（1999）研究了 419 家美国创业投资机构对于创业投资者的报酬契约，发现规模越大、历史越悠久的创业投资机构，其报酬相较其他创业投资机构对业绩更为敏感，更富于变化，而规模较小、历史较短且致力于早期阶段创业项目投资的基金而言，报酬中的固定部分占有较高比例。Ryan 和 Schneider

（2002）发现，受到创业投资机构支持的企业，其管理层激励与绩效挂钩更为紧密，有机构投资者支持的企业，其表现不好的管理层更容易被解聘，在这种激励下，有机构投资者支持的企业长期业绩表现也会更好。Florin（2005）选取了1996年在美国上市的高科技产业与制造业企业的数据，发现创业投资的参与程度越高，创始人的收益反而越低，创业投资参与程度高的企业，其创始人被解雇的可能性也越高。Aggarwal 等（2011）对比了2003~2008年在美国投资的23个国家的创业投资机构数据及其投资企业的管理层变更情况，发现创业投资机构管理层的变更经常会传导至被投企业的管理层。王会娟和张然（2012）比较了创业投资机构与养老基金、共同基金、银行、保险公司等不同机构投资者对企业运作管理的干预程度及对管理层的影响程度，发现创业投资机构对压力的敏感度、对业绩的期望度、所掌握的公司份额等都会影响其对被投企业管理的干预度，创业投资机构持股比例越高、投资期限越长、投资该公司的创业投资机构数量越多，被投企业高管薪酬对业绩的敏感度越高。Kanniainen 和 Keuschnigg（2001）的研究发现，相比创业资本的供给，提供管理支持是创业投资机构帮助创新企业突破发展瓶颈的更重要的方面。

第三，创投机构的声誉支持，可以帮助初创企业更容易在产品和金融市场得到认可。初创企业由于知名度不高、市占率较小，面临较大的竞争威胁，高声誉的创业投资机构（包括有政府背景的创投机构）的投资行为本身就相当于一个信号，使被投企业更容易在产品市场和金融市场得到认可。Hellmann 和 Puri（2000）发现，创业投资的参与能明显缩短产品投放市场的时间，从而帮助初创企业占据先发优势。Hsu（2004）收集了针对51家早期高科技初创企业的148个交易报价，发现拥有高声誉的投资者能以10%~14%的折扣率获得该公司的股权。Arthurs 和 Busenitz（2006）的研究表明，不同的融资结构会对 IPO 企业生存率产生显著的差别，有大型机构投资者支持的企业在 IPO 之后比相同条件的其他企业具备更高的抗风险能力，投资所有权集中度越高的 IPO 企业在前五年的存活率越高，创业投资机构为了保障自己的投资利益，还会利用自身资源为企业争取更多融资，提高企业存活率。Vanacker 等（2013）比较了创业投资机构和天使投资人在帮助企业利用松弛资源方面的特征，认为创业投资机构在利用企业松弛金融资源和人力资源上更有效率，此外，创业投资机构还能通过为企业提供补充性资产巩固企业市场地位。吴超鹏等（2012）研究发现，投资机构的加入不仅可以抑制公司对自由现金流的过度投资，而且可以增加公司的短期有息债务融资和外部权益融资，并在一定程度上缓解因现金流短缺所导致的投资不足问题，高声誉投资机构在帮助企业缓解融资难题时的作用尤为突出。陈见丽（2012）研究了2010年底前在中国深交所创业板上市的153家企业，发现创业投资的介入会对企业的短期增长起到激励作用，越是高声誉的创业投资机构支持的企业，其短期成长率就越高。

第四，创业投资机构投资的企业上市更容易成功，上市后的存活率更高。Barry 等（1990）研究了 1978～1987 年有创业投资背景的 IPO 企业，发现创业投资和其他投资者最大的不同，就是在监督机制上更严格。与严格的监督机制配套的，创业投资机构往往要求被投企业有更集中的股权结构（便于控制），或是在被投企业董事会中为创业投资机构提供表决席位等，这些制度设计使得有创业投资机构支持的企业在上市后平均折价率更低。Amit 等（1998）认为，专业的创业投资机构在处理信息不对称时具有绝对优势，可以凭借自己的专业技能花费大量时间对特定行业、特定技术和选定企业进行甄别，而政府和普通投资者则无法做到这一点，这使得有专业创业投资机构支持的企业在市场中更具信誉。Gulati 和 Higgins（2003）通过一组生物科技初创企业的数据，比较了创业投资和投资银行两类投资者与其他投资者对企业 IPO 成功率的影响，结果显示，当市场较冷时，创业投资支持的企业更容易在 IPO 市场上获得成功，市场较热时，投资银行支持的企业则更容易从 IPO 中受益，而其他投资者支持的企业则无法享受这种溢出价值。Gulati 和 Higgins（2003）认为，产生这种差异的原因主要在于，在 IPO 过程中企业面临多种不确定性，而不同投资者所关注的不确定性是不同的，这也会导致他们对公司的估值和采取的应对措施不同，从而造成 IPO 结果的不同。Arthurs 和 Busenitz（2006）认为，初创企业在 IPO 之后面临更为激烈的竞争、更多的公共监督和更多的政府审查，因此面临的外部威胁更多。在产品市场和管理方面，有创业投资支持的企业比没有创业投资支持的企业具备更高的应对外部威胁的能力，但在涉及法律与政府规制的方面，有创业投资支持的企业并没有比其他企业表现出更强的生存能力。陈工孟等（2011）研究了在中国大陆中小板和中国香港主板市场上市的中资企业，认为有创业投资参与的企业 IPO 折价率显著高于无创业投资参与的企业，造成这一现象的原因可能是创业投资机构试图通过提早退出来获取更多的现金流，并建立自身的声誉，这种做法在一定程度上抑制了企业的估值泡沫。张学勇和廖理（2011）发现，相对于政府背景创业投资支持的公司，外资和混合型背景创业投资支持的公司 IPO 抑价率较低，股票市场累计超额回报率较高，民营背景创业投资支持的与政府背景支持的公司则没有显著差异，造成这一现象的主要原因在于，外资背景创业投资倾向更加谨慎的投资策略，且投资之后对公司治理结构安排会更加合理，因此公司的盈利能力更强，最终导致公司股票 IPO 抑价率较低和回报率较高。

（三）创业投资对产业发展的推动作用

一些学者认为，创业投资对产业发展壮大也有正向推动作用。张建平（2002）认为，创业投资会通过三种途径带动经济增长和产业结构调整：一是回顾性影响，即创业投资支持的行业会带动向它投入生产要素的部门或产业发展，如创业投资支持电子信息行业，会带动上游的通信设备、电缆、半导体和电子元器件等行业发展；二是前瞻性影响，即创业投资支持的行业会带动用其作为投入要素的行业发展，如创业投资支持基因工程和生物技术研发，会带动下游生物制药、医药设备等行业发展；三是旁侧性影响，即创业投资的发展会带动周边地区高技术产业、金融产业等发展，如美国硅谷地区因高技术初创企业的繁荣而聚集了大量的人流、物流、资金流，带动了周边电子信息、生物等新兴产业以及房地产、金融等产业发展。

创业投资的正外部性特征，使得市场提供的创投资本数量低于社会最优值，这为政府参与创业投资活动提供了依据。Kanniainen 和 Keuschnigg（2001）认为，有经验的创业投资管理者在短期内不容易快速增长，短期市场上创业资本总量的迅速增加将导致每个创业投资基金管理过多的投资组合，稀释创业投资管理者的管理投入，政府参与创业投资市场不仅可以提供更多的创业资本，更重要的是培养更多的创业投资管理者，从而有效降低每个投资基金管理的投资组合数量，给予投资组合中的创业企业更多管理支持。Schilder（2006）认为，政府背景的创投资本解决市场失灵的主要方法是帮助市场建立规则制度，开辟良性循环。Lerner 和 Watson（2007）认为，在创业投资产业的初期形成阶段，政府的干预有助于该产业的壮大和成熟。陈和（2006）认为，政府由于其身份的特殊性并不适合作为创业投资的主体，而政府资金对新兴产业发展又有不可替代的引导作用，通过政府引导基金的方式为创业投资机构和创业企业提供启动资金、信用担保和相关的优惠政策，可以较为妥善地解决这一问题。陈春发（2008）认为，私人创业资本的意义在于弥补传统金融市场留出的融资缺口，而公共创业资本的作用在于弥补私人创业资本留出的融资缺口。钱苹和张帏（2007）认为，美国、以色列等国的实践经验表明，在创业投资发展早期，政府可以通过直接提供创业资本或者成立政府出资的创业投资机构，作为"催化剂"来引导和促进其他非政府资本参与，而当本国创业投资业发展趋于成熟的时候，政府应把主要精力放在为创业投资发展提供良好的外部环境上，等等。

三、信息不对称

交易成本理论认为，作为经济活动的基本单位，交易是有成本或费用的，所谓交易费用就是经济系统运转所需要付出的代价或费用（Coase，1937），交易成本的存在是进行交易设计或组织架构设计的根本原因（Williamson，1979）。创业投资的交易费用相当昂贵，包括创业投资机构要花许多时间和精力去寻找具有市场前景的投资项目，对风险与收益进行评估、筛选直至确定投资的项目，此外，还包括创业投资机构参与投资项目的管理、监督和追踪所花费的精力，以及签订契约、金融资产转化等成本。这些交易费用的存在使得政府直接参与创业投资是不经济的。一些研究表明，传统的政府直接补贴方式虽然对创新产出有正向作用，但效率不高（Clausen，2009；应晓妮，2020），这也是为什么公共部门要通过政府引导基金的方式参与创业投资市场，而非直接为创业企业提供资本的重要原因。

信息不对称的存在使得政府引导基金在制度设计上往往存在缺陷。所谓信息不对称，是指交易双方中，只有一方持有与交易行为相关的信息，并且不知情的一方对另一方的私有信息进行验证的成本较高（Akerlof，1970）。信息不对称通常会导致两类问题，一是事前发生的逆向选择问题，二是事后发生的道德风险问题（Arrow，1973）。Schilder（2006）认为，技术复杂性越高的投资领域，避免逆向选择和道德风险问题越为困难，因为投资者很难对所投资项目的内部信息进行充分验证。

政府引导基金涉及的信息不对称问题有两层，第一层是在政府和创业投资机构之间，第二层则是在创业投资机构和初创企业之间（见图2-1）。在外部性理论部分，本书已经对第二层信息不对称进行了讨论，即创业企业在获得创业投资资金后基本解决了生存危机，有动力降低努力程度。此外，由于资金主要来源于外部融资，创业企业家也有动力投入一些高风险的研发项目。第二层信息不对称不是本书研究的重点，本书将创业投资机构与创业企业之间的信息不对称视作给定条件，重点研究政府引导基金与创业投资机构之间的信息不对称可能导致的问题，以及政府如何解决这类问题。

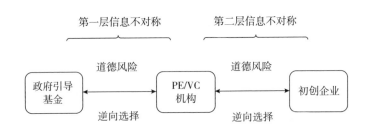

图2-1　政府引导基金架构中的两层信息不对称

信息不对称可能导致创业投资的效率大打折扣。因信息不对称导致的逆向选择和道德风险问题会加剧创业投资市场失灵问题，多层委托—代理关系则成倍放大了这一问题。Sahlman（1990）认为，风险投资行业具有个人投资回报的不确定性以及委托人和代理人之间的高度信息不对称的特点，为了应对不确定性和高度信息不对称，风险投资者通过分阶段进行资本承诺、根据创造的价值进行补偿、保留强制代理人分配资本和利润机制等解决成本和税收问题，通过薪酬制度和有限寿命的组织形式解决杠杆收购交易的问题，且令股东、监督者和管理者的目标更容易协调一致。

尽管创业投资机构可以凭借上述制度设计及其专业技能缓解信息不对称，

但不能完全消除这一问题，这导致创投市场存在一定的市场失灵问题，为政府对创业投资市场进行干预提供了合理性（Amit et al.，1990）。政府在提供制度安排方面具有规模效应，合理的政府引导基金机制设计不仅可以解决第一层信息不对称，也可以缓解第二层信息不对称问题。但是，政府引导基金参股创业投资基金强调的是对相关产业的扶持与资助，并不以营利为主要目的，因此基金经理绩效工资一般较低，可能导致基金经理与创业企业的合谋，损害公共部门利益（何建洪和马凌，2008）。在不考虑业务前景的情况下评价创业企业的技术，很可能使公共风险投资计划奖励给一些业绩不佳的企业，造成政府补贴的扭曲（Lerner，2002）。

在政府引导基金相关实践中，一些制度设计可以帮助缓解逆向选择的问题。第一种方法是进行绩效考核，Chan 和 Thakor（1990）认为，通过评估创业投资机构的既往业绩可以在事前筛选出合意的参股基金管理机构，但这种方法最大的问题是，如何制定一个完善的评估体系。事实上，由于政府引导基金的设立目标不唯一，单纯用过往的资金回报率来考量管理机构的优劣并不完全适用，而应用其他指标又存在较大的主观性，同时为寻租提供了可能。第二种方法是采用声誉机制，Gompers 和 Lerner（2006）认为，与市场高声誉的创业投资机构合作，可以解决逆向选择的问题，因为创业投资机构出于保护自身声誉的需求，会通过内部管控降低道德风险。但是，这种方法其实只考虑了政府视角，在现实中，尽管政府引导基金更愿意和高声誉的创业投资机构合作，但是反过来，高声誉的创业投资机构未必愿意和政府引导基金合作，尤其是一些产业相对落后地区的低行政层级政府引导基金，这类基金对于创业投资机构的限制较多，当地可投资的优质标的又少，最后还可能造成"劣币驱逐良币"的现象发生，这使得声誉机制往往对此类政府引导基金失效。

用于解决道德风险问题的机制设计则更为丰富。第一，政府引导基金可以通过混合出资方式参股基金降低资金风险（Hellmann，1998），如"普通股+优先股""股权+债权"等。第二，政府引导基金可以采取分批出资的方式，比如可以先出资参股一期基金，如果参股基金管理团队表现符合预期，则参股二期基金，在出资同一期基金时，也可采取承诺资金分批到位的方式，减少资金闲置的同时激励创投机构加大努力程度（Dixit，1989）。第三，在控制权的分配上，政府引导基金在合伙协议及其补充协议中应有充分考量，在保证市场化运作、不干预参股基金日常运作的前提下，政府引导基金可以通过设立观察员制度、一票否决权等方式，对参股基金的投向进行把控（Berglof，1994；Shleifer & Vishy，1997）。第四，政府引导基金可与市场化基金、金融机构、企业及富有个人等社会出资人采取联合投资的方式，社会出资人在对市场信息的甄别中往往比政府部门更占据优势，由于投资收益与其自身利益密切相关，社会出资人也会更注重对创业投资管理团队的监管。因此，联合出资的方式也可部分缓解政府引导基金面临的道德风险问题（Inderst & Munnich，2006）。第五，采用有限合伙制的基金组织形式并限制参股基金的存续期限，允许投资者拥有清算、股权转让等退出机制，从而要求创业投资管理机构在既定时间段内完成合伙协议约定的目标（Parker & Parker，1998）。第六，制定合理的报酬机制。例如，在参股基金达到门槛收益率后，超额收益部分以一定比例奖励给管理机构，或是参股基金超额完成政策目标，如培育孵化了多只独角兽企业、投资早期企业的比重远超过最低限额等，都给予管理机构绩效上的奖励（Sahlman，1990）。

四、政府引导基金效果的实证研究

除了从理论层面赋予政府引导基金存在的合理性，大量文献从政府引导基金对创业投资市场的培育、支持创新的效果、政府引导基金的收益率、是否挤出私人资本等角度入手对政府引导基金的实践效果进行了分析。

（一）培育创投市场

在政府引导基金对创业投资市场的培育效果方面，Leslie 和 Wells（2000）利用 21 国样本数据的实证检验表明，政府无论是通过健全创业投资制度，还是在低迷时期对创业投资的刺激政策，均会对一国创业投资产生重要影响。Cumming 等（2006）以 12 个亚太地区国家的创业投资者在本国以及美国进行的创业投资为样本，研究了法律环境对创业投资的影响，结果表明，创业投资的 IPO 退出方式更多出现于法律环境更加完善的国家，而法律环境的完善主要取决于政府的制度安排。Brander 等（2010）利用 2000~2008 年全球主要国家的 20446 个创业投资数据，研究了政府扶持创业投资的效果，结果表明，政府对创业投资的资金资助有效提高了一国创业投资的总量。同时，政府资助对于创业投资成功退出具有正向作用。

Da Rin 等（2006）提出了创新比率的概念，即对早期或高科技项目投资占全部创业投资的比重，并利用 1988~2001 年 14 个欧洲国家创业投资的数据，研究了公共政策对创业投资的影响，结果表明，目的在于提高项目预期收益的政策在改变创业投资市场的结构上更成功，股票市场的存在和资本利得税率的降低都能有效提高一国的创新比率。同时，企业家壁垒的降低显著提高了创业投资在高科技项目上的投资，而公共研发政策对于创新比率没有产生显著影响。

Trajtenberg（2002）、Bartzokas 和 Mani（2004）等对以色列 YOZMA 基金进行了研究，认为政府对创业投资的支持不仅是为了激励创新活动，也是为了扶持创业资本市场的发展，YOZMA 基金成功地吸引了国外著名的创业投资公司，这些公司不仅为以色列带来了创业资本，更重要的是带来了创业投资经验和管理技术，从而极大地促进了以色列本土创业投资产业的发展。YOZMA 出现的时机较好地迎合了以色列创业投资产业进化的过程，为创业投资基金和创业公司吸引了高素质的专业人才。这些研究都肯定了 YOZMA 基金的资金引导作用、示范效应以及对人力资本的聚集作用。

Cumming（2007）利用 1982~2005 年澳大利亚 280 个创业投资公司的投资数据对澳大利亚 IIF 计划的效果进行了实证研究，并将 IIF 计划与加拿大、英国、美国的相应政府扶持计划进行了比较，认为相比于其他类型的私有基金，IIF 分别以高出 46.1% 和 27% 的概率投资于种子期和早期创业公司，在生物技术、计算机和网络公司投资的概率则多出 33.5%、13.7% 和 16.5%。这篇文章认为，尽管澳大利亚创业投资支持计划的成功退出率不高，但是却成功培育了澳大利亚创业投资发展的土壤。

（二）鼓励创新

在对创新的支持效果方面，与补贴等其他类型的政府资金支持方式类似，政府引导基金对创新成果的产生有催化作用，但在资金使用效率方面有进一步探究的空间（Le & Jaffe，2017）。

Brander 等（2008）从价值创造、竞争效应和创新三个方面对加拿大政府背景创业投资机构（Governmnet-sponsored Venture Captial，GVC）和私人部门创业投资机构（Private Venture Captial，PVC）的绩效进行了对比，发现私人部门创业投资机构在价值创造和支持创新方面比政府背景创业投资机构作用更强，且在投资上有更大的专利倾向（即偏好投发明专利多的企业）。Brander 等（2010）以 2000~2008 年全球 57 个国家 22700 多家获得风险投资基金支持的企业为样本，发现政府背景创业投资机构对企业创新绩效的影响具有非单调性，当企业同时获得了政府背景创业投资机构和私人部门创业投资机构的支持时，如果只有适量规模的资金来自前者，那么企业的平均表现优于仅受私人部门创业投资机构支持的企业，但是，如果大部分资金来自政府背景创业投资机构，企业的平均表现明显弱于仅由私人部门创业投资机构支持的企业。

Bertoni 等（2015）进一步将政府背景创业投资机构进一步区分为技术导向型投资者（Technology-oriented Venture Captial Investors，TVC）和发展导向型投资者（Development-oriented Venture Captial Investors，DVC），发现发展导向型的政府背景创业投资机构对企业创新的促进作用略优于技术导向型的政府背景创业投资机构。Chang 和 Astorsdotter（2021）比较了 GVC、PVC 单独出资以及联合出资时的情形，发现政府背景创业投资机构与市场背景创业投资机构联合投资时对企业创新的激励作用最显著。Grillia 和 Murtinu（2014）对 1993~2010 年 759 家代表性欧洲高科技创业公司销售额和员工增长数据进行了检验，发现只有当 GVC 投资者是企业非主要投资者时，它们的参与才能对公司产生积极影响。

国内也有较多文献对政府引导基金支持创新的效果进行了研究，研究普遍认为，政府引导基金对创新存在正向推动作用，且该作用在统计上显著，但是作用效果的发挥取决于较多条件，如政府引导基金支持的年限、累计频次（程聪慧和王斯亮，2018），政府引导基金投资的方式（黄嵩等，2020），政府引导基金所在地的社会经济特征、财政状况（逄雯婷等，2021），以及被支持企业所在区域、所在行业所处阶段等性质（董建卫等，2018；邓晓兰和孙长鹏，2019）。但也一些文献认为，政府引导基金支持创新的效果不显著或未发挥出弥补市场失灵的功能。如，张杰等（2015）利用科技部科技型中小企业技术创新基金与中国工业企业数据库的合并数据进行检验，发现政府引导基金的支持未对中小企业的研发支出产生显著作用；陈旭东等（2020）认为，政府引导基金缓解创新企业融资约束的作用主要体现在对低融资约束的企业上，高融资约束企业能从政府引导基金中获利较少，这种支持更像是"锦上添花"，而非"雪中送炭"。

（三）挤出私人资本

在政府引导基金对私人资本是否存在"挤出"或"挤入"效应方面，过往的研究存在较多争论。

Leleux 和 Surlemont（2003）用 Granger 因果检验分析了欧洲 15 国 1990~1996 年公共创业投资资本与私人创业投资资本之间的关系，发现二者之间并不存在因果关系，即公共创业投资资本既没有挤出私人创业投资资本，也没有带动更多私人资本进入创业投资市场。Leleux 和 Surlemont（2003）认为，公共创业投资资本对创业投资资本总供给的增加，仅限于新进入的公共资本自身，公共资金投入的正面效果，主要在于其展示或认可风险投资的社会价值和对支持风险投资发展的长期承诺，这可能会对私人资本的进入起到示范效应。Cumming 和 Macintosh（2006）使用 1977~2001 年的省际面板数据研究了加拿大 LSVCC 基金对创业投资资本总量的影响，联立方程模型的估计结果表明，LSVCC 不仅没有增加创业投资资本总量，反而导致创投资本总量下降。Jeffrey（2003）的研究表明，1980~1999 年美国 SBIC 计划的平均收益率为 1.5%，显著高于公司债券和国库券的收益率，吸引了大量社会资本的进入，实现了政府的引导目标。

陈士俊和柏高原（2010）对澳大利亚和芬兰两国的政府引导基金进行了分析和比较，认为引导基金的机制设计能有效避免政府直接从事创业投资对私人投资者的挤出效应，以及降低政府直接从事创业投资所带来的投资风险，并可有效解决处于早期阶段的创业企业的融资障碍；政府引导基金应着力于解决市场失灵问题，并根据市场失灵领域的情况决定结构的设计，各级政府间、政府各部门间创业投资引导基金应加强协调，防止产生引导基金政策间的挤出效应。杨敏利等（2014）以2000~2011年我国省际创业投资资本筹集数据为样本，使用联立方程模型检验了设立政府引导基金对创业投资资本供给产生的影响。检验结果表明，设立政府引导基金对创业投资资本供给有负向影响，但影响作用不显著。在创业投资发展成熟的省份，设立政府引导基金对创业投资资本供给有显著的负向影响，而在创业投资发展落后省份，设立政府引导基金对创业投资资本供给有正向影响，但影响作用不显著。边思凯和周亚虹（2020）利用CVSource数据库中2006~2018年的融资数据，发现政府引导基金出资不仅在其出资轮次中带动了民营创业投资机构对创业企业出资，还进一步激发了民营创业投资机构参与创业企业的后续融资。

（四）其他效果

除上述方面外，一些实证研究也对政府引导基金不同的机制设计可能产生的投资效果进行了分析。Brewer等（1996）的研究表明，美国中小企业投资计划（SBIC）主要投资于种子期和初创期的小企业，填补了商业性创业资本不愿意投资这类公司的空白。SBIC的总资本在全美创业投资总额中仅占1%左右，但SBIC投资于初创型小企业的资本却占全美创业投资的10%~15%。

Maula等（2013）认为，政府投资要发挥作用，就必须专注于公益性领域，不能过度关注投资回报，他们通过对芬兰的FII计划进行评估发现，由于芬兰政府对投资基金运作提出了盈利性要求，导致FII计划在实际运作中主要关注于后期阶段项目的投资而忽略了其引导作用，导致政府投资基金的政策效果被削弱。

Cumming和Johan（2009）关注澳大利亚前种子基金（Pre-Seed Fund, PSF）计划在促进新企业增值方面的有效性，并将PSF计划与澳大利亚创新投资基金（Innovation Investment Fund, IIF）计划做了对比，发现PSF具有投资种子期和高科技企业的风险倾向，PSF倾向于通过分期投资、联合投资和投资组合等方式来筛选、监控和增加被投资公司的价值，此外，PSF计划的投资方与被投资方位于同一州的概率较高。他们还运用Logit模型检验了澳大利亚1982~2005年970家公司的投资者身份、投资日期和投资特征等，发现PSF计划削弱了IIF投资种子期公司的动力，由此认为，不同的政府投资计划可能会争夺优质项目。

Munari 和 Toschi（2010）对公共风险投资基金在不同区域是否有不同的表现，以及这种不同表现如何发生变化的问题进行了研究，发现混合风险投资基金倾向于投资早期和高科技领域以补充私人风险投资基金不足，公共风险投资基金通过分期和联合投资吸引区域内合格的风险投资人，公共风险投资基金还能通过推迟风险投资资金的退出时间促进初创企业成功，他们使用 Logit 回归和泊松回归检验了 1998～2007 年英国 898 家风险投资基金支持公司的样本数据，发现在低科技水平地区，公共风险投资基金投资于早期和技术型企业倾向更大，在高科技水平地区，公共风险投资基金更倾向于分期投资并更有能力在联合组织中吸引合作伙伴，与私人风险投资基金相比，公共风险投资基金投资公司在首次公开募股和收购方面的退出率较低。

　　Murray 等（2010）对澳大利亚接受 IIF 计划资助的公司与完全接受私人资本投资的公司进行了比较，运用匹配分析的方法对 1997～2009 年澳大利亚 303 家接受不同资金资助公司的样本进行了比较分析，发现与 IIF 计划之外的公司相比，IIF 支持的公司更可能获得早期融资和后续融资，而 IIF 支持的公司失败概率更大，原因是 IIF 计划专注于资助真正处于早期阶段并因此具有更高风险的公司，他们认为，IIF 计划为大量年轻和新生的知识型公司筹集了从别处无法获得的资金。

　　Karsai（2004）对匈牙利政府对创业投资的支持方式进行了分析，认为政府介入创业投资的方式应该避免越过私人部门直接进行投资，政府应作为私人投资者的补充，通过降低私人部门投资者的风险并且提高其收益的方式和私人部门进行联合投资。

　　Jaaskelainen（2007）的研究则发现，为了应对市场失灵所引起的创业资本供应不足问题，政府往往通过直接资助商业性创业投资基金的模式支持对早期阶段创新项目的投资。通过研究这种公共资本和私人资本混合基金中经常使用的利润分配和补偿机制，他认为，政府可以通过收益让渡方式提高私人资本的预期回报率，从而吸引更多私人资本进入创业投资领域。

　　周晓雯等（2018）利用私募通的数据发现，政府引导基金的补偿机制会对创投机构的后续募资产生正面影响，采用收益类补偿会提高创投机构后续募资的可能性，并缩短后续募资的时间间隔，该影响对民营背景的创投机构更为显著。

五、文献评述

已有文献从理论和实证两个角度对政府以引导基金的方式参与创业投资市场的原因、机制、效果等进行了阐释。创新的正外部性理论是支持政府引导基金参与创业投资市场的主要依据，其中又可分为两种分支：一种认为，政府引导基金的支持可以为其他市场主体发送信号，缓解创业投资过程中的信息不对称，引导社会资金参与创业投资；另一种则认为，政府引导基金的主要作用是在创业投资市场发展的前期帮助建立规制、引入资金，通过明确参与者之间的游戏规则，降低从事创业投资活动的交易成本，使其在可预期的范围内进行博弈，从而开启良性循环。

在政府引导基金的政策效果方面，大量文献从政府引导基金对创业投资市场的培育、政府引导基金支持创新的效果、政府引导基金的收益率、政府引导基金背景是否提高企业的上市成功率以及企业绩效、政府引导基金参股是否挤出私人资本等角度入手进行了考察，在结论上则莫衷一是。已有文献的研究表明，政府引导基金的机制设计会影响其效果。与社会资本的联合投资可以在提升政府引导基金支持创新绩效的同时，改善政府引导基金的财务回报。过于强调盈利目标可能会阻碍政府引导基金投资早期的目标实现。过低的固定管理费率和对参股基金管理机构的过多限制，都可能加剧委托—代理关系中的逆向选择和道德风险问题，不仅无法起到引导作用，基金的财务回报也会恶化。实证研究的结果证明，在良好的机制设计下，政府引导基金参股确实会对创投机构的行为以及被投企业的绩效产生显著影响，而不适宜的机制设计可能使政府引导基金非但不能解决市场失灵问题，反而会加剧信息不对称，引发道德风险和逆向选择问题。

不少文献都曾指出创业投资对早期企业的正向作用，如，认为创业投资对企业知识产权战略的影响主要集中在前三轮融资中，只有早期进入才能达到激励创新的效果，企业最先缔结合作关系的创业投资机构的社会网络会影响企业后续发展所缔结的社会网络，最初为企业融资的投资机构建立的社会网络越具有凝聚力，该企业在后续发展中在行业内所处的地位就会越高，等等。Croce 等（2013）以欧洲高技术产业领域初创企业为样本进行的分析发现，在首轮创业投资资金进入之前，有创业投资机构背景的企业和其他条件类似但未获得创业投资机构支持的企业在生产率增速上没有显著差异，而在首轮资金进入后，有创业投资机构支持的企业生产率增速明显高于没有创业投资机构支持的企业，Krishnan 等（2015）通过对初创企业全要素生产率（TFP）的分析，发现创业投资对企业 TFP 的提高主要集中在前两轮融资中，后续轮次融资中，无论创业投资资本是否继续进入，企业的 TFP 都不会出现明显波动。这些文献都表明，政府引导基金引导创业投资机构将更多资源投向早期企业，是实现其政策目标的重要方式。

现有文献，尤其是国内文献对政府引导基金效果评估最大的不足在于，评价政府引导基金参股对创业投资机构投向早期企业影响的文献很少，大部分集中于以专利数量或 IPO 数量来评价政府引导基金的得失。一方面，这种缺失是由于数据样本的缺乏导致的；另一方面，对投资早期的关注度不够，过于强调政府引导基金的财务回报也是重要原因。事实上，早期投资即使以失败告终，这种试错过程（Trial and Error）也有重要的正向效益。例如，失败的创新项目可以提高后继创新项目的技术资源使用效率，提高后继创新项目的成功率，减少后继创新项目的技术资源耗费等（郭斌等，1997）。一些理论研究表明，最优的创新激励契约需要容忍早期失败并为长期的成功提供回报（Manso，2011），尤其是当企业面临较高的失败风险时，风险投资失败容忍度越高，对企业创新的边际激励效果越强（田轩，2021）。

本书的目标正是对政府引导基金引导投早的效果做出较为客观的评估。在国内以往文献中，与本书思想最为接近的是施国平等（2016）基于双重差分模型对政府引导基金引导创业投资机构投向早期和高科技企业效果的评估，该文较早注意到了投早期的重要性，研究角度有一定的启发性，但是由于写作年份较早，该文所使用的数据时间跨度较短、样本量较小，文中数据截至2014 年 6 月底，而我国大规模设立政府引导基金是在 2016 年以后，这就使得该文的样本必然不能包含我国政府引导基金大规模设立后的特征，研究代表性大为下降。此外，该文的观察期是创业投资机构在管理基金前后三年，事实上，许多创业投资基金的投资期长达 5 年，而且仅以 3 年为观察期，很可能无法涵盖投资机构在不管理政府引导基金参股基金后投资行为的变化，也就无法观测到政府引导基金施加于参股条约外的影响。在模型设定上，该文使用的双重差分模型未控制固定效应，而事实上，不同的创业投资基金和创业投资机构存在许多无法观测的固定效应，在模型中缺失这类固定效应很可能会造成估计结果的偏误，在本书的实证部分中，通过对比固定效应模型和随机效应模型的结果，也证明了用固定效应模型研究此类问题更为合适。

除对以往研究的完善外，本书的另一个边际价值在于反驳了公共资本进入创业投资市场无效或有害的观点。一些实证研究认为，公共资本进入创业投资领域挤出了私人资本（Cumming & Macintosh，2006；陈士俊和柏高原，2010；杨敏利等，2014），还有一些研究认为，政府对国家资本的使用和布局进行过多的干预，会导致创业投资行业发展滞后（Dossani & Kenney，2002），杨大楷和李丹丹（2012）以1997~2010年我国27个省的面板数据为样本，认为设立政府引导基金的省份中接受创业投资支持的企业数量和各发展阶段的创业企业数量，反而少于没有设立政府引导基金的省份等。本书显然并不支持这类观点，研究结果表明，政府引导基金的结果尽管不如预期，但是确实收到了正向的社会效益，而对于为何效果不及预期，本书也进行了详细的机制检验，而非纯粹停留在定性分析层面，这些探索都为未来公共政策的完善提供了更多依据。

第三章 我国政府引导基金发展情况

为了支持创业投资发展，大量公共资金投向了创投市场。在经过长期试点和总结经验后，政府引导基金模式被认为是最有效率的组织方式，在全国范围内逐渐推广。我国政府引导基金的发展，主要经历了试点探索阶段、爆发增长阶段和规范发展阶段，并进一步向规范化、市场化的方向发展。

一、试点探索阶段

1985年9月，国务院批准成立中国新技术创业投资公司（以下简称"中创"），其资金来源颇具代表性：在4000万元注册资本中，国家科委（科技部前身）注资2700万元，是最大出资人，其他资金则分别来自财政部以及五矿、中信等大型国有企业。成立之后，中创每年还能从中国人民银行以及科委"火炬计划"中获得大量资金支持。中创成立后，其融资和运营模式开始在全国范围内大规模复制，诞生了一批拥有政府背景的创投机构。1986年11月，中共中央、国务院正式批准了《高技术研究发展计划纲要》（以下简称"863计划"），也对政府资金汇入创业投资领域起到了推动作用。

1991年3月，国务院发布《关于批准国家高新技术产业开发区和有关政策规定的通知》（国发〔1991〕12号），其中明确指出，"有关部门可以在高新技术产业开发区建立创业投资基金用于风险较大的高技术产业开发，条件成熟的高新技术开发区可创办创业投资公司"。这一时期，大部分创业投资资金仍来源于政府和国有企业，社会出资人群体尚未成型。为了改变创业投资资金来源单一的问题，引导社会资本进入创业投资领域，1991年，国家科委、国家体改委发布了《关于深化高新技术产业开发区改革，推进高新技术产业发展的决定》，指出"要利用社会资金（股票、债券、保险金等）和政府匹配的部分资金，同时积极吸引外资投入，建立高新技术产业化的风险投资基金"。1992~1996年，与国发〔1991〕12号文中新增设立的21个高新技术产业开发区相配套，全国各地成立了20多家以地方政府出资为主的创业投资机构。1992年3月，国家科委成立了直属事业单位——国家科技风险开发事业中心，专门从事为高新技术企业提供科技创业投资中介服务、科技创业投资评估等业务（该机构后来承担了国家科技成果转化引导基金的日常管理工作）。

1996年5月，全国人大通过《中华人民共和国促进科技成果转化法》，首次将"创业投资"概念以法律形式明确下来，并指出，"鼓励设立科技成果转化基金和风险基金，其资金来源由国家、地方、企业、事业单位以及其他组织或者个人提供，用于支持高投入、高风险、高产出的科技成果的转化，加速重大科技成果的产业化"。1996年9月，《国务院关于"九五"期间深化科学技术体制改革的决定》（国发〔1996〕39号）中再次强调要"积极探索发展科技创业投资机制，促进科技成果转化"。

1999年，中共中央、国务院发布《关于加强技术创新，发展高科技，实现产业化的决定》（中发〔1999〕14号），特别指出"要培育有利于高新技术产业发展的资本市场，逐步建立风险投资机制，发展风险投资公司和风险投资基金，建立风险投资撤出机制，加大对成长中的高新技术企业的支持力度""在做好准备的基础上，适当时候在现有的上海、深圳证券交易所专门设立高新技术企业板块"。这一时期，政府承担了政策导向和具体运营的双重角色。1999年，上海市成立了规模6亿元的上海创业投资基金，北京市提出3年内每年的风险投资额不低于2亿元，深圳市斥资5亿元发起成立深圳创新科技投资有限公司，等等。截至1999年8月，全国各级政府创业基金达到100多家[1]，不少地方推出了与创投基金配套的风险投资担保基金，组织成立了地方创业投资协会等。

---

① 资料来源：民建中央网站，《"一号提案"〈关于尽快发展我国风险投资事业的提案〉》。

1999 年，经国务院批准，科技型中小企业技术创新基金正式启动，该基金由科技部主管、财政部监管，通过无偿资助、贷款贴息和资本金投入三种方式，支持科技型中小企业创新创业，主要资助的项目类型包括种子期、初创期企业的技术创新项目、中小企业公共技术服务机构的补助资金项目和引导社会资本投向早期科技型中小企业的创业投资引导基金项目等①。同年，深圳市政府斥资 5 亿元成立了深圳创新科技投资有限公司（以下简称"深创投"），成为地方政府引导基金的先行者和标杆。1999 年 11 月，科技部、国家计委等七部委联合出台了《关于建立风险投资机制的若干意见》，明确了建立风险投资机制的基本原则是"按照社会主义市场经济规律"和"充分发挥各级人民政府和社会力量的积极性"。该文件明确了创业投资发展的市场化原则，鼓励政府和社会力量平等参与创业投资活动，划分了风险投资公司和风险投资基金，前者是创投资本的管理者，后者则是出资实体，明确了出资人与管理者的权责界定，强调了建立风险投资的退出机制，包括企业购并、股权回购、股票市场上市等，尤其是明确了境外创业板块股票市场也是可利用的风险投资撤出渠道之一。

2002 年 6 月 29 日，第九届全国人大常委会第 28 次会议通过了《中华人民共和国中小企业促进法》，指出要"积极引导中小企业创造条件，通过法律、行政法规允许的各种方式直接融资""通过税收政策鼓励各类依法设立的创业投资机构增加对中小企业的投资"等，以法律形式肯定了创业投资对促进中小企业发展的积极性。2003 年 1 月，外经贸部、科技部等五部委联合发布《外商投资创业投资企业管理规定》，为中方投资者提供了与外国投资者共同投资，并由外国基金管理者管理其投资组合的合法途径。2003 年 6 月，国家税务总局和商务部分别颁布了《关于外商投资创业投资公司缴纳企业所得税有关税收问题的通知》和《关于外商投资举办投资性公司的规定》，进一步完善了外资进入创业投资市场的细则。

2005 年初，科技部、财政部先后下发了《科技型中小企业技术创新基金项目管理暂行办法》和《科技型中小企业技术创新基金财务管理暂行办法》，对创新基金的支持条件、项目申请与受理、项目立项审查以及创新基金开支

---

① 资料来源：科技型中小企业技术创新基金网站，http://innofund.chinatorch.gov.cn/2/index.shtml。

范围、项目审批和资金拨付及监督管理与检查等进行了详细规定。2005 年 11 月，国家发改委等十部门联合发布了《创业投资企业管理暂行办法》，是我国第一部专门针对创业投资的法律法规。该办法的发布，使得创业投资机构在设立、运作、退出、政策扶持等方面有法可依。2006 年 8 月，第十届全国人大常委会第二十三次会议表决通过修改后的《中华人民共和国合伙企业法》，新法增设了"特殊的普通合伙"制度，增加了有限合伙企业的形式，有限合伙制后来也成为创业投资基金最主要的组织形式。修订后的《中华人民共和国合伙企业法》《中华人民共和国公司法》《中华人民共和国证券法》，以及《创业投资管理暂行办法》，共同完善了我国创业投资法律法规体系。2007 年 2 月，财政部、国家税务总局联合发布《关于促进创业投资企业发展有关税收政策的通知》，规定了创业投资企业对高新技术中小企业投资额的 70% 可以在其投资所得税应纳税所得额中抵扣；3 月，《中华人民共和国企业所得税法》发布，明确规定"创业投资企业从事国家需要重点扶持和鼓励的创业投资，可以按投资额的一定比例抵扣应纳税所得额"。

2008 年 5 月，国家发展改革委发布《关于在天津滨海新区先行先试股权投资基金有关改革问题的复函》，支持天津市加快发展股权投资基金。同年 8 月，深圳市政府批复同意设立 30 亿元的创业投资引导基金，拟打造全国创业投资中心，进一步优化政府科技投入机制；同期，天津船舶产业投资基金获国家发展改革委批准筹备，基金规模达 200 亿元。2008 年 10 月，国家发展改革委、财政部、商务部联合制订的《关于创业投资引导基金规范设立与运作的指导意见》（国办发〔2008〕116 号）获国务院批准，该文对地方设立创业投资引导基金作出了明确规范，成为我国政府引导基金发展标志性文件。随后成立的各级各类政府引导基金，多以该文件为范本制订基金运作和管理方案。在国办发〔2008〕116 号文发布后，对于政府引导基金模式的探索逐渐加快。

2009 年 10 月，在首批 28 家企业在创业板上市的同一天，国家发展改革委、财政部与北京市、吉林省、上海市、安徽省、湖南省、重庆市、深圳市 7 个省市政府签署协议，将上述省（市）列为创业投资基金试点，并拟投入 10 亿元在这些省市设立 20 只新兴产业创投基金。2010 年 10 月，财政部等部委联合下发《关于豁免国有创业投资机构和国有创业投资引导基金国有股转持义务有关问题的通知》，规定符合条件的国有创业投资机构和国有创业投资引导基金投资于未上市中小企业形成的国有股，可申请豁免国有股转持义务。2011 年 7 月，科技部、财政部联合印发《国家科技成果转化引导基金管理暂行办法》，决定由中央财政设立国家科技成果转化引导基金。同年 8 月，为加快新兴产业创投计划实施，加强资金管理，财政部、国家发展改革委制定了《新兴产业创投计划参股创业投资基金管理暂行办法》，明确中央财政资金将通过直接投资创业企业、参股创业投资基金等方式，培育和促进新兴产业发展。同年 10 月，科技部等八部门联合下发了《关于促进科技和金融结合加快实施自主创新战略的若干意见》，明确提出鼓励民间资本进入创业投资行业，逐步建立以政府资金为引导、民间资本为主体的创业资本筹集机制和市场化的创业资本运作机制，完善创业投资退出渠道，引导和支持民间资本参与自主创新。

二、爆发增长阶段

2015 年，国务院常务会议决定设立总规模不低于 400 亿元的国家新兴产业创业投资引导基金，开启了各级各地大规模设立政府引导基金的新阶段。2016 年 10 月，国务院发布了《关于促进创业投资持续健康发展的若干意见》（国发〔2016〕53 号），显著推高了社会资本参与政府引导基金的积极性。一方面，国发〔2016〕53 号文鼓励培育多元投资主体，"鼓励各类机构投资者和个人依法设立公司型、合伙型创业投资企业。鼓励行业骨干企业、创业孵化器、产业（技术）创新中心、创业服务中心、保险资产管理机构等创业创新资源丰富的相关机构参与创业投资"，直接推动了创业投资机构注册数量的倍数增长。另一方面，国发〔2016〕53 号文鼓励多渠道拓宽创业投资资金来源，支持中央企业、地方国有企业、保险公司、大学基金等各类机构投资者，银行、信托等金融机构，以及合格的个人投资者通过参股创投基金或参股创投母基金、发展投贷联动业务等方式参与创业投资。

国家新兴产业创业投资引导基金的成立和国发〔2016〕53 号文的出台，

推动我国创业投资机构和创投资本数量迅速增长。据中国证券投资基金业协会的统计，2014 年，我国新注册的私募股权、创业投资基金管理机构共计 3346 家，而 2015 年新注册的私募股权、创业投资基金管理机构达到了 10552 家，2015~2017 年，我国境内新注册的私募股权、创业投资基金管理机构累计超过 17000 家。根据科技部的统计数据①，2015 年新增创业投资机构 224 家，同比增长 14.4%，2016 年新增创业投资机构 270 家，同比增长 15.2%，2017 年新增创业投资机构 251 家，同比增长 12.3%。截至 2018 年末，我国存量创业投资机构的数量约为 2013 年的 2 倍（见图 3-1）。

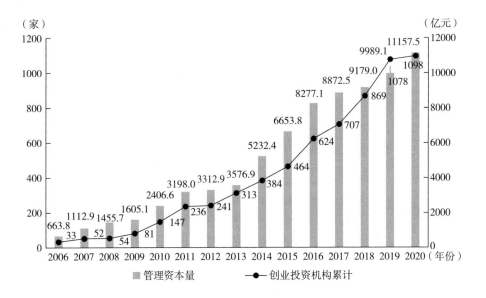

图 3-1 我国创业投资机构数量及管理资本量

资料来源：《中国创业投资发展报告 2021》。

创业投资机构管理的资本量比机构设立的增速更快。据科技部统计，2014 年我国创业投资机构管理的资本量达到 5232.4 亿元，比上年增长 46.4%，2015 年创业投资管理资本量达到 6653.8 亿元，比上年增长 27.2%，2016 年创业投资管理资本量为 8277.1 亿元，比上年增长 24.4%，2017 年增

---

① 科技部的统计口径中，剔除了已不再经营创业投资业务或注销的机构数，且只统计含"创业投资"字样的基金或管理机构，未包含全部私募股权投资机构，故统计口径小于基金业协会。

速有所放缓，创业投资管理资本量为 8872.5 亿元，比上年增长 7.2%（见图 3-1）。而据清科研究中心统计，可投资于中国大陆的创业投资资本总量在 2016 年达到增长顶峰，增速约为 57.3%，增长绝对量达到 2269.4 亿元，2015 年和 2017 年的资本增速则分别达到 21.6% 和 23.3%，2017 年底，可投资于中国大陆的创业投资资本量约为 2013 年底的 2.4 倍。

与创业投资机构和创投资本数量快速增长相应的，各级各类政府引导基金的设立进入爆发式增长期（杜月和应晓妮，2018）。2015~2017 年，三年间新设立的政府引导基金数量分别达到 366 只、493 只和 278 只，目标募集规模分别达到 1.65 万亿元、3.78 万亿元和 2.59 万亿元。截至 2021 年末，我国累计设立了超过 2000 只政府引导基金，覆盖国家级、省级、地市级和区县级各个行政层级，其中代表性的国家新兴产业创业投资引导基金、国家中小企业发展基金等均为百亿级母基金，政府引导基金总目标募集规模超过 12 万亿元。

三、规范发展阶段

政府引导基金设立速度的放缓从 2017 年底开始，2018~2019 年，我国政府引导基金设立募资数量明显回落。据清科研究中心统计，2018 年，全国各级各类新设政府引导基金回落至 278 只，同比下降 43.6%；基金目标募资规模 14333 亿元，同比下降 44.7%；2019 年，新设政府引导基金数量继续下降至 166 只，同比下降 40.3%，目标募集规模 10295 亿元，同比下降 28.2%。

政府引导基金设立速度快速下降，主要受以下几方面因素的影响：一是往年设立的政府引导基金数量已趋于饱和，2015~2017 年设立的存量基金中，由于投资标的的不足，有相当一部分从未开展投资或极少开展投资。二是去杠杆政策背景下，地方政府举债受到严格限制，而政府引导基金对政府出资[①]的依赖度较高，尤其市县一级政府引导基金对社会资本的撬动能力十分有限，一旦政府出资受限，基金的募资短板就集中暴露。三是创业投资市场活跃度

---

① 含中央预算内投资资金和财政预算资金。

整体回调，一方面，银行出资受严格限制，2018 年 4 月，中国人民银行联合银保监、证监会及外管局四部门出台《关于规范金融机构资产管理业务的指导意见》（以下简称"资管新规"），资管新规对理财产品的期限匹配做了严格要求，银行不能再以资金池的方式募资，创业投资基金一般有 5 年以上的存续期，而银行理财产品鲜有 5 年以上周期的，银行为了达到合规性要求，不得不采取"一刀切"的方式，除不再对创业投资基金新承诺新出资外，对已承诺出资的部分也大面积违约；另一方面，高净值个人对资产流动性的要求增加，投资意愿降低，作为创业投资基金最主要资金来源之一的高净值个人投资者，多为民营企业大股东，在金融"去杠杆"大背景下，民营企业在银行的股权质押变得困难，银行为了规避风险，对民营企业的贷款更趋收紧，许多高净值个人即使看好创投基金未来发展，也不得不折价变卖已认购的基金份额来回补主业的现金流。

这一阶段政府引导基金设立速度的显著放缓，本质原因是前一阶段政府引导基金政策规范制度的制定相对滞后于其规模的增长，在意识到这一问题后，中央政府层面出台了多项规范性文件，旨在推动政府引导基金向规范化、市场化运作的方向发展。

2015 年和 2016 年，财政部和国家发展改革委曾先后出台《政府投资基金暂行管理办法》和《政府出资产业投资基金管理暂行办法》。2017 年，证监会发布了《私募股权基金管理暂行条例》，提出要对创业投资基金实行差异化监督，提倡创业投资领域的行业自律，进一步提出完善创业投资基金市场化退出机制和税收优惠政策等。2018 年 9 月，国务院发布《关于推动创新创业高质量发展打造"双创"升级版的意见》（国发〔2018〕32 号），提出进一步健全适应创业投资行业特点的差异化监管体制，完善政府出资产业投资基金信用信息登记，开展政府出资产业投资基金绩效评价和公共信用综合评价等。与之相应地，国家发展改革委办公厅发布了《关于做好政府出资产业投资基金绩效评价有关工作的通知》（发改办财金〔2018〕1043 号），明确对政府引导基金的考核标准包括政策目标实现程度、投资管理能力、综合信用水平、经济效益等。2019 年 4 月，中共中央办公厅、国务院办公厅印发《关于促进中小企业健康发展的意见》（中办发〔2019〕24 号），强调要充分发挥各类基金的引导带动作用，推动国家中小企业发展基金走向市场化、公司化和职业经理人的制度建设道路等。在国家新兴产业创业投资引导基金等国家级母基金内部，也出台了多项防风险指引。

除向规范化的方向发展外，政府引导基金在创投市场整体陷入"募资难"困境时发挥了压舱石的作用，持续为初创企业输入资金。根据科技部的统计，位居我国创业投资基金前三的出资人类型分别为民营投资机构、国有独资投资机构、政府引导基金，且政府引导基金所占比重有提升的趋势（见表3-1）。国有资本仍然是创业投资市场的重要资金来源，2017年，国有独资投资机构出资占比为12.47%，政府引导基金出资占比为7.28%；2020年，国有独资投资机构出资占比为23.00%，而政府引导基金出资占比为10.58%。在国家新兴产业创业投资引导基金累计出资的510只创业投资基金中，约有22.3%的资金来自于政府引导基金和各类政府投融资平台，约有6.7%的资金来自于国有企业[①]。尽管统计口径有所差异，但是两个统计数据可以互相印证，政府引导基金和国有企业出资合计占我国创业投资市场资金来源的30%左右。

表 3-1 我国创业投资资金来源占比　　　　　　　　单位:%

出资人类型 ＼ 年份	2017	2018	2019	2020
民营投资机构	27.07	24.61	15.77	20.57
国有独资投资机构	12.47	12.66	15.12	23.00
高净值个人	9.73	9.13	6.22	7.39
政府引导基金	**7.28**	**9.05**	**8.71**	**10.58**
其他财政资金	6.29	8.47	7.60	16.79
混合所有制投资机构	6.03	2.19	3.41	4.56
境内投资机构	3.06	0.70	0.23	0.23
境外投资机构	0.32	1.05	3.23	0.22
社保基金	0.04	0.33	0.15	—
其他	27.72	31.82	39.56	16.66

注："其他财政资金"指除政府引导基金外各级政府（包括事业单位）对创业风险资本的直接资金支持；国有独资投资机构指国有独资公司直接提供的资金，国有银行等金融机构出资归在此类中。

资料来源：《中国创业投资发展报告》。

_____

① 资料来源：《国家新兴产业创业投资引导基金发展报告》，统计数据截至2021年底。

除注入资金外，政府引导基金也成为严格监管体系下为了维持创业投资市场平稳发展的"豁免"载体。为了缓解"资管新规"对创业投资基金募资的冲击，2019年10月，国家发展改革委、中国人民银行等六部委联合发布了《关于进一步明确规范金融机构资产管理产品投资创业投资基金和政府出资产业投资基金有关事项的通知》（发改财金规〔2019〕1638号），明确在资管新规过渡期内，金融机构可以发行老产品出资符合条件的创业投资基金和政府出资产业投资基金。不过，由于两类基金具有期限长、嵌套复杂等特殊性，且发改财金规〔2019〕1638号文中也强调了金融机构在过渡期出资创投基金"应当控制在存量产品整体规模内，并有序压缩递减，防止过渡期结束时出现断崖效应"，金融机构若继续开展原有业务将无法在较短的过渡期后满足监管要求，因此该文件的执行效果并不理想。

四、现状和特点

（一）新设立的政府引导基金层级以市县级为主

据清科研究中心统计，2022年上半年，我国共设立了各级各类政府引导基金60只，募资规模1298.5亿元，新设立的基金以低层级政府为主，其中50%为区县级政府引导基金，33%为地市级政府引导基金，省级政府引导基金占比仅为17%，未设立新的国家级政府引导基金。将时间长度进一步拓宽，市级及以下政府引导基金仍占3/4以上：2011～2022年上半年，累计设立了872只地市级政府引导基金和631只区县级政府引导基金，二者合计占政府引导基金总数的76.6%；省级政府引导基金累计设立421只，占比21.5%；国家级政府引导基金累计设立38只，占比1.9%（见图3-2）。其中，2016年是政府引导基金设立数量最多的年份，全年共设立了10只国家级政府引导基金，93只省级政府引导基金，231只市级政府引导基金和143只区县级政府引导基金，除省级外（峰值位于2015年），其他各级政府引导基金均在2016年达到设立数量的峰值。

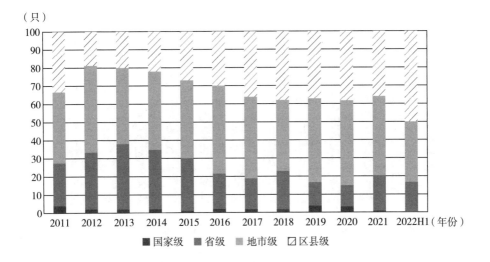

图3-2 我国政府引导基金层级分布（按基金数量）

资料来源：清科《2022年中国政府引导基金系列研究报告（设立篇）》，作者推算。

尽管市级及以下政府引导基金在数量上占据绝对优势，但是从存量规模上看，国家级政府引导基金的募资规模仍是最大的。2011～2022年上半年，国家级政府引导基金已认缴规模累计达到18750亿元，占政府引导基金总认缴规模的比重约为29.8%，省级和市级政府引导基金的总认缴规模较为接近，均为17510亿元，分别占比27.8%，而区县级政府引导基金的总认缴规模为9246亿元，仅占比14.7%，单只基金的平均规模相比其他层级明显较小（见图3-3）。随着大型国家级、省级政府引导基金设立速度放缓，从2019年开始，市级及以下政府引导基金规模所占比重逐年提升，2022年上半年，省级及以上政府引导基金占新认缴基金规模的比重下降至25%左右，而市级、区县级政府引导基金规模占比分别达到51%、24%，合计占比达到新认缴政府引导基金规模的3/4。

低层级政府引导基金占比提升的趋势由多方面因素推动产生。首先，2016～2020年先后成立了多只体量较大的国家级政府引导基金，使得国家级层面的政府引导基金趋于饱和，新设立基金容易造成与原有基金在定位上的重复和同质化，因此中央政府层面在新设政府引导基金上采取了更为谨慎的态度。其次，受到去杠杆、严控政府隐性债务等宏观政策影响，地方政府通

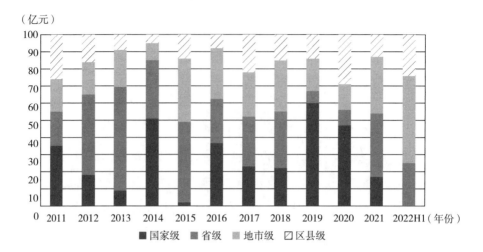

（亿元）

图 3-3　我国政府引导基金层级分布（按基金规模）

资料来源：清科《2022 年中国政府引导基金系列研究报告（设立篇）》，作者推算。

过银行贷款、政府投融资平台等渠道融资的难度显著提升，而专项债的前门开得有限，因此地方政府有较大的激励去撬动社会资本来发展本地的新兴产业以弥补财政资金的缺口，这是市级及以下政府引导基金设立活跃度较高的原因。最后，这种阶段性的放缓也可能与政治周期、宏观经济周期有一定关联。

（二）政府引导基金强调投资"硬科技"领域

在投资领域分布上，根据清科、投中等机构的统计数据，政府引导基金关注的主要领域集中在半导体、光电子与光机电一体化、计算机通信等高端装备制造、商业航天等产业领域的核心技术研发、关键工序开发等环节，且对这类涉及国际竞争、产业链供应链安全稳定的"硬科技"领域关注度逐渐提升。新冠肺炎疫情的暴发，也使得政府引导基金对生物科技、医疗健康设备、疫苗研发等生物医药领域的支持力度增加，而在 2018 年以前最受创投市场青睐的互联网领域，近年来获得政府引导基金支持的力度明显下降。

对比 2020 年获得政府引导基金支持的创业投资机构与未获得政府引导基金支持的创业投资机构在投资领域分布上的差异可见，获得政府引导基金支持的创业投资机构投资项目最多的行业领域为半导体、医药保健、生物科技，投资项目数占比分别为11.7%、11.1%和8.0%，而未获得政府引导基金支持的创业投资机构投资项目最多的领域为医药保健、软件产业和半导体，投资项目数分别占比10.2%、7.4%和6.9%①。从对比中可知，政府引导基金在有意识地引导创业投资机构加大对宏观政策导向的行业投资，如为了解决"缺芯"问题加大了对半导体领域的投资，而未获得政府引导基金支持的创投机构在投资领域上表现出更为明显的追逐市场热点、倾向投资"短平快"项目的特点。以国家新兴产业创业投资引导基金为例，2021年，获得国家新兴产业创业投资引导基金参股基金投资额最多的二级行业是电子核心产业和生物医药产业，获得投资额最多的三级行业则包括新型电子元器件及设备制造、生物药品制品制造、集成电路制造、先进医疗设备及器械制造、智能消费相关设备制造、新型计算机及信息终端设备制造等②。在投资行业领域上表现出对能在未来科技竞争中发挥核心竞争力的关键技术、重大共性技术研发项目的较强偏好。政府引导基金对创业投资机构投资领域的影响，也是评价政府引导基金政策效果的重要方面，但由于该角度并非本书关注的重点，在此不做展开。

（三）以政府引导基金为核心节点的产业联盟模式推广

除设立新的政府引导基金外，一些政府部门开始利用存量政府引导基金实现投早期企业的目标，其中一项代表性的实践是以政府引导基金为核心节点构建产业技术联盟。产业技术联盟，原指两个或两个以上有共同战略意图的主体以契约、协议等方式结合成松散的联合体，通过共享研发资源、联合技术创新等手段来获取更大的市场份额，实现合作共赢。第四次科技革命大范围、多层次、多学科的技术创新特点，使创新活动在跨学科的同时，还要跨越不同类别的创新主体边界，创新的水平和效率高度依赖知识产生、流动和扩散的流畅程度，推动了产业技术联盟模式的兴起。联盟成员具有不同的风险厌恶程度，产业技术联盟为其提供了不同的避险工具，且由于联盟成员掌握不同的专业知识，在联盟中共享后知识的异质性产生较强的协同效应，可以有效帮助联盟成员分散风险（吴洁等，2018）。政府既可作为产业技术联盟的发起人，也可单纯为其提供启动资金，同时鼓励企业、高校、研究机构等不同创新主体加入，建立流畅的双向或多向信息流通机制，实现优势互补、风险共担，促进创新要素流动（生延超，2008）。

以政府引导基金为核心节点的产业技术联盟是近年来新兴的产业联盟形式，一般由政府引导基金联合市场上具有较高声誉的头部创投机构共同发起，联盟成员包括地方政府、创投基金、企业、研究机构等，通过整合相关产业领域创新资源，依托联盟各成员单位的资金、人才、技术等创新资源，通过赛事活动、行业发展论坛、优秀项目路演、产业发展报告等多种形式，促进相关产业领域人才集聚和关键技术研发，加速前沿科技成果的应用转化。

表3-2列示了部分由国家新兴产业创业投资引导基金发起设立的产业技术联盟。在行业领域上，这些联盟多集中在人工智能、生物医药、先进制造、云计算、物联网等新兴产业，联合发起人包括地方政府、开发区（经开区、高新区）管委会、行业龙头企业、创业投资（天使投资）协会等。加入产业联盟的成员，可以更便捷地享受联盟主体各自拥有的政府资源、研发资源、行业资源、市场资源以及资金、人才、技术等创新要素，在加大资源获取能力的同时也降低了从研发到转化再到投放市场的风险。在第六章中，还将讨论以政府引导基金为核心节点的产业技术联盟对政府引导基金参股基金管理机构风险偏好的影响。

表3-2　国家新兴产业创业投资引导基金发起设立的部分产业联盟

联盟名称	设立时间、地点	主要联合发起方	联盟服务主旨
人工智能创业投资服务联盟	2018年9月上海	国家新兴产业创业投资引导基金 上海杨浦区人民政府	人工智能产业技术创新与科技成果转化
创新生物医药创业投资服务联盟	2018年11月广州	国投创合国家新兴产业创业投资引导基金 广州开发区管委会	生物医药技术创新与科技成果转化
物联网创业投资服务联盟	2019年9月郑州	盈富泰克国家新兴产业创业投资引导基金 郑州市人民政府 软通智慧科技有限公司	物联网领域关键核心技术发展和科技成果转化

续表

联盟名称	设立时间、地点	主要联合发起方	联盟服务主旨
集成电路创业投资服务联盟	2019 年 9 月合肥	盈富泰克国家新兴产业创业投资引导基金 合肥高新区管委会 北京君正集成电路股份有限公司	集成电路领域技术创新
科技服务创业投资服务联盟	2019 年 6 月北京	中金启元国家新兴产业创业投资引导基金 北京朝阳区人民政府	知识产权、技术转移、检验检测认证、科技金融服务等科技服务业
先进制造创业投资服务联盟	2019 年 6 月北京	中金启元国家新兴产业创业投资引导基金 北京朝阳区人民政府	京津冀协同发展 智能、绿色先进制造业
云计算创业投资服务联盟	2019 年 6 月南京	中金启元国家新兴产业创业投资引导基金 江苏南京市人民政府	长三角一体化 云计算商业化运用
互联网+社会民生创业投资服务联盟	2019 年 9 月厦门	中金启元国家新兴产业创业投资引导基金 福建厦门市人民政府	互联网由消费领域向社会民生领域拓展
中国天使投资人联盟	2018 年 1 月厦门	中金启元国家新兴产业创业投资引导基金 中国创投委联合天使投资行业	传播规范健康的天使投资文化

资料来源:《2020 年国家新兴产业创业投资引导基金发展报告》。

(四) 跨区域合作等多元目标纳入政府引导基金政策框架

在政府引导基金发展过程中,除支持早期企业发展并获得一定的财务回报等目标外,一些政府引导基金还逐渐承载了更多元化的政策目标,如促进新兴产业发展、促进就业乃至促进招商引资等。近年来,随着区域一体化战略的推进,一些地区将推动跨区域合作也纳入了政府引导基金政策目标(应晓妮,2020),典型的如京津冀、长三角、粤港澳等区域发起设立的政府引导基金。

京津冀一体化是最早上升为国家级战略的区域一体化政策。与之配套的,由北京、天津、河北等地政府联合发起设立的旨在促进京津冀协同发展的一系列政府引导基金，也是设立较早的、明确将促进跨区域合作纳入政策目标的政府引导基金。其中，北京中关村协同创新投资基金由中关村发展集团联合14个地方政府共同发起设立，是国内首只以京津冀一体化为投资重点的投资基金，主要服务于疏解北京非首都核心功能、在京津冀地区构建高精尖经济结构等；北京、天津、河北三地共同出资设立的国投京津冀科技成果转化创业投资基金，主要服务于京津冀等地科技成果的异地转化、共投共享；北京、天津、河北共同出资设立的京津冀产业协同发展投资基金，投资重点则是京津冀地区产业升级转移、建设全面改革创新支撑平台等①。

2019年，《长江三角洲区域一体化发展规划纲要》出台后，上海、江苏、浙江、安徽等地加速谋划旨在促进长三角一体化的政府引导基金。上海青浦、江苏昆山、江苏吴江、浙江嘉善四地联合发起设立了一体化发展投资基金，并以政府引导基金为依托与市场知名创投机构联合组建了长三角产业基金联盟，政府引导基金主要围绕绿色发展、高质量发展等主题对辐射半径大的区域一体化项目进行投资②。

珠三角地区政府围绕粤港澳大湾区建设谋划了多只跨区域政府引导基金。深圳、广州、珠海等地围绕贯彻落实《粤港澳大湾区发展规划纲要》，以深圳粤港澳大湾区科技成果转化基金等政府引导基金为依托，先后在广州南沙自贸区、珠海横琴新区举办"走进粤港澳大湾区"系列投融资对接活动，在支持香港地区机构投资者参与投资境内创业投资基金等方面，探索研究鼓励政策，将促进大湾区技术、资本和信息等创新要素的互融互通作为基金主要发展目标。

多元化政策目标导致的一个问题是，有可能弱化政府引导基金支持早期企业发展的最本质作用。一些地区在新设政府引导基金时，甚至不再强调政府引导基金对早期企业的支持作用，背离了政府引导基金这一政策工具设计的初衷，继而引发如挤出社会资本、政府过度干预市场、政府资金闲置等一系列问题。在第五章中，本书还将通过多任务委托—代理模型，详细讨论在多元化目标的前提下，政府引导基金参股基金管理机构可能产生的道德风险和逆向选择问题。

---

① 资料来源：根据京津冀协同发展相关资料整理。
② 资料来源：根据长三角一体化示范区相关资料整理。

五、存在的问题

（一）基金定位不清晰，同质化现象严重

各级政府引导基金常常围绕创新、中小企业发展、科技成果转化、产业调整升级等外部性领域设立，其中最具代表性且数量较多的是旨在推动创新的政府引导基金。各级各类政府引导基金数量的快速增加带来了一些问题，主要表现在以下两个方面：

一是同质化严重，投资标的存在大量重叠。在顶层设计上，国家层面围绕支持战略性新兴产业、中小企业、科技成果转化等先后设立了多只百亿级政府引导基金，在设计之初，这些政府引导基金的投资方向各有侧重，同质化的现象并不严重，但由于公共财政支出统一管理的特性，定位不尽相同的政府引导基金在运作时却往往呈现趋同现象。在地方政府层面，各部门、各层级间重复设立、交叉设立政府引导基金的问题屡见于审计报告，创业投资、产业投资、技改投资等看似定位不同的政府引导基金的实际边界模糊，受财政资金监管要求驱使，大量本该投资于早中期、初创期企业的资金被重复投资于成熟期企业，造成某些大规模成熟期企业受到多只政府引导基金支持，而最需要资金支持的早中期企业却无人问津的尴尬局面。已经有一些研究从实证角度证明了这一观点，如成程等（2021）利用空间杜宾模型对我国282个城市2006~2018年政府引导基金、风险投资、发明专利、经济增长等数据进行了研究，发现设立政府引导基金可以显著促进本地经济增长、风险投资及创新发展，但这种促进作用会被周边地区设立的政府引导基金所削弱，也就是说，政府引导基金在互相之间形成了一定的竞争和挤出关系，弱化了政策效果。

二是过于强调国有资产保值增值目标，对创业投资基金风险认识不足。政府引导基金的设计初衷本应既体现政府的政策目标，又符合市场化原则，是一种市场和政府有机结合、发挥两者优势的创新型投资机制。然而在运作

中，许多政府引导基金对自身的定位认识不足，过于强调国有资产保值增值目标，对创业投资本身的市场化风险没有作出科学严谨的预估。政府引导基金受到较大的国有资产保值增值压力，在项目筛选时对风险的敏感性远远高于市场化基金，倾向于选择"低风险、低成长性、低回报"的投资项目，这样的投资策略与社会资金"见效快、回报高"的要求相矛盾，严重降低了社会资金参与政府引导基金的积极性。目前政府引导基金采用的考核管理办法主要借鉴国有资产管理考核的内容，对投资项目的跟进和退出审批时限过长，容易延误对创新型企业的扶持。

（二）基金市场化程度低，绩效考评制度不完善

我国政府引导基金虽然在数量和规模上达到了相当大的体量，但是在管理能力上却还有长足的进步空间，管理不规范、不健全的问题较为普遍，主要体现在两个方面：

一是基金市场化运作程度偏低。政府引导基金虽然属于公共投资的范畴，应当以落实政策目标为基金的主要原则之一，但是在具体运作上，由于创业投资具有"高风险、高回报"的特性，由专门的管理机构进行市场化运作是比政府直接审批项目更优的选择。当前很多地方政府引导基金仍由当地政府主要职能部门组成的评审委员会负责对创业投资机构、投资计划和退出方案的审议，部分引导基金的投委会虽不完全由政府成员组成，但政府成员在投决会上仍拥有投票权。即使委托专门的机构进行管理，受托机构也往往是本地的国资企业，市场化程度不高，管理上也未完全去行政化，决策流程长、时间久，在资金退出时，因涉及国有资产转持等问题，只能通过"招拍挂"等少数渠道，整体运作机制远不如民营企业灵活。

二是绩效考评制度不健全。政府引导基金规模数量的快速增长，对基金运作的事中事后监管提出了比以往更高的要求，然而相应的绩效考评制度却不完善。部分政府引导基金在基金投向的监管上过于宽松，虽然事前对基金的投向有明确规定，但是在执行中却很难履约：一方面，部分市场化管理机构为了降低投资风险，更倾向于投向具有稳定收益的中后期项目；另一方面，政府引导基金的绩效考评设计不尽合理，在导向上过于注重资金收益率，容易造成管理机构逆向选择的问题。此外，即使存在投向与事前约定不符的现

象，由于缺乏有效的奖惩措施，很难对管理机构追责。

（三）政府引导基金出资限制多，支持中小创业投资基金不足

政府引导基金出资限制多是创业投资机构反映最突出的问题，出资条条框框过多也导致政府引导基金对中小创投基金的支持不足，限制了政策功能的发挥，主要表现在以下两个方面：

一是政府引导基金出资附加条件过多。大部分地方政府引导基金的地域排他性非常明显，市级、区县级政府引导基金对基金注册和返投落地的诉求强烈，对于创业投资机构后续投资运行有较多掣肘，也加剧了行业乱象，有些水平较差的机构通过承诺完成返投要求能够拿到地方政府引导基金出资，但真正优秀的创业投资机构会坚守投资理念，筛选经济基础较好的地方政府去合作，导致市场的逆向选择问题。许多地方政府引导基金不是纯粹从财务角度出发，而是以招商引资、杠杆放大资金为目的，出资的附加诉求越来越明确，执行程度也日益严格。另外，各地政府引导基金多数仍是以短期目标为导向，政府引导基金本身的资金来源中也有短期资金，缺少策略清晰的长期资金，使得创业投资机构需要花费较多时间在募资和满足出资人非主业需求上。

二是政府引导基金对中小创投基金募资支持不足。中小型创业投资企业管理资金少、活跃程度高、运作方式灵活，更倾向于依靠专业能力挖掘和投资最具潜力的创新型中小企业，而不去追捧高估值的明星项目。2021年，创业投资基金平均募资规模大幅下降，半数以上的基金募资规模不足1亿元，很多中小创业投资机构只能成立单项目基金，凭借项目开展募资。究其原因，一方面，金融机构出资门槛高，大部分中小创投机构被排除在外；另一方面，政府和国有企业资金出资体量收缩，节奏放缓，因为经济下行、疫情影响和各类监管政策出台，各地方政府引导基金和国有出资平台的资金出资节奏明显放缓。发达地区政府资金倾向于委托头部基金管理，中小创业投资机构在很大程度上只能寻求欠发达地区或市县级政府资金出资，但这些资金往往肩负招商引资、产业带动、资金放大等多元化目标。中小创业投资机构需要花费较多时间在满足出资人非主业需求上，影响了机构开展专业化的筛选、投资和孵化创新项目，降低了运营效率。

（四）基金管理人才建设滞后，中西部本土化管理团队短缺

政府引导基金相比之其他政府投资方式，对管理人员的专业素质有更高的要求，我国当前无论是创业投资人才的存量还是对增量的培育都难以与日益增长的市场需求相匹配，主要体现在以下两个方面：

一是专业化人才培育滞后。相对于基金数量的快速铺开、规模的不断扩大，相应的专业人才培养显得尤为滞后，地方上尤其是市、县级层面缺乏懂基金的专业人才，一方面导致基金在进行项目筛选和投资决策时缺乏专业性，另一方面不能为所投资企业提供产业整合、转型升级等增值服务，在帮助投资企业更好成长的方面力不从心。

二是本土化创业投资管理团队短缺。相比创业投资起步早的东部地区，中西部、东北地区专业化创投管理团队短缺的问题更为严重。一方面，中西部、东北地区创业投资尚处于起步探索阶段，本土化的创业投资管理团队尚未培养成型；另一方面，中西部、东北地区的市场环境、激励机制等又难以吸引外来创业投资人才入驻。本土化创业投资人才短缺又会引致两个问题：一是创业投资机构为创业企业带来的附加值低，受专业能力限制，中西部地区的创业投资机构大多退化为仅提供融资服务的"金融中介"，而失去了其提供增值服务的核心价值；二是"外包制"创业投资管理可持续性差，不少创投机构在完成一期基金融资后，核心团队就离开了当地，不利于后续对本地优质项目的挖掘与投资。

（五）管理部门统筹协调机制不完善，返投比例限定不合理

除管理、人才等因素外，配套政策是否到位也是决定政府引导基金是否成功的重要环节，目前，管理部门间缺乏统筹协调、部分地方政府基金返投比例设定不合理等因素仍在制约政府引导基金政策效果的发挥，主要表现在以下两个方面：

一是部门间统筹协调机制未建立。由于创业投资细分领域多、标准划分不统一，政府引导基金又涉及财政资金，因此地方政府引导基金在实际运作中会涉及发改、经信、科技、财政、金融、工商、证监等多个职能部门。一方面，缺少牵头的政府部门全面统筹协调，建立统揽全局的机制体制对政府

引导基金进行统一管理；另一方面，各部门出台的支持政策过于零散、衔接配套不足，难以形成政策合力。

二是返投比例要求与本地优质创业投资项目不足的冲突。目前，多数地方财政出资的政府引导基金对返投当地的比例有明确要求，例如，要求返投比例为财政资金总量的两倍，或是要求为基金募资总规模的60%以上等。从地方财政资金政策效果的角度，这一要求无可厚非，但考虑到许多地区本身的优质创业投资项目储备不足，限定过高返投比例后会导致基金无法找到足量投资标的的困局，尤其是一些低行政层级的政府引导基金，更容易陷入此类两难。近年来，已有较多地方意识到返投比例过高问题对政府引导基金发展的负面影响，并对放宽返投认定标准、投资"飞地"等替代政策进行了一系列探索，本书不做过多展开。

第四章　政府引导基金对创业投资阶段分布的影响

引导创业投资基金更多投向早期企业是政府引导基金最主要的功能之一。当前，我国创业投资在整体阶段分布上相较美国等发达国家明显偏中后期，而政府引导基金参股基金的投资阶段则比其他创业投资基金更偏早期。

一、我国创业投资阶段分布特征

（一）投早期比重与宏观经济不确定性高度相关

与政府引导基金的设立高峰期相对应的，创业投资市场投资高峰期在2017年左右。据清科研究中心统计，2017年我国创业投资市场投资案例数达到峰值4822起，投资额达到2025.9亿元。2018~2020年，创业投资案例数逐年下降，同比分别下降10.4%、20.0%和8.7%，2020年创业投资案例数比2017年减少1600余起（见图4-1）。相对于投资案例数的明显下降，创业投资金额的降幅则较小，2020年创业投资金额仅比2017年减少70亿元左右，这意味着，创业投资单笔平均投资额上升了（2020年创业投资单笔平均投资额约6189万元，比2017年高出1988万元）。2021年，随着海外资本的大量流入和国内货币市场的稳健宽松，创业投资市场投资活跃度较2018~2021年显著提升，投资案例数达到5208起，比2017年还多近400起，但单

笔平均投资额非但没有下降，还继续提升至 7125 万元，约为 2017 年的 1.7
倍。对此一个合理的解释是，有更多的创投资金流向了单笔融资额更高的中
后期项目。

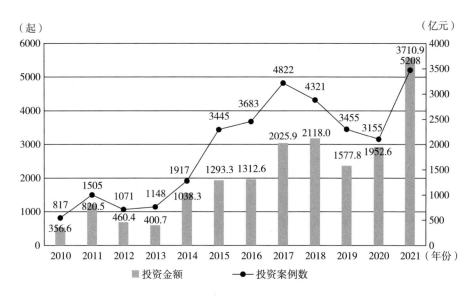

图 4-1　我国创业投资市场投资情况

资料来源：清科《2021 年中国创业投资研究报告》。

从投资企业的阶段分布来看，科技部调查显示，2004～2020 年，投向种
子期①企业的创业投资案例数平均占比 20.5%，投向起步期的创业投资案例
平均占比 30.3%，投向成长（扩张）期的案例平均占比 38.1%，投向成熟
（过渡）期和重建期的案例平均占比 11.1%（见表 4-1）。在投资金额上，
2009～2020 年②，投向种子期的创业投资资金平均占比 9.3%，投向起步期的
创业投资资金平均占比 23.0%，投向成长（扩张）期的创业投资资金平均占
比 47.9%，投向成熟（过渡）期和重建期的创投资金平均占比 19.8%（见表
4-2）。

---

①　投资企业阶段数据主要来源于科技部编纂的《中国创业投资发展报告》（原称《中国创业风
险投资发展报告》），该报告中未明确给出企业发展阶段的划分标准，投资阶段主要根据样本创业投
资机构自评。

②　案例和金额的时间跨度不同，主要是由于原始数据的统计时间周期不同；2009 年前我国创业
投资整体规模较小，不影响分析。

表 4-1 我国创业投资项目所处阶段总体分布（按投资项目数） 单位:%

阶段 年份	种子期	起步期	成长（扩张）期	成熟（过渡）期	重建期
2004	15.8	20.6	47.8	15.5	0.3
2005	15.4	30.1	41.0	11.9	1.6
2006	37.4	21.3	30.0	7.7	3.6
2007	26.6	18.9	36.6	12.4	5.4
2008	19.3	30.2	34.0	12.1	4.4
2009	32.2	20.3	35.2	9.0	3.4
2010	19.9	27.1	40.9	10.0	2.2
2011	9.7	22.7	48.3	16.7	2.6
2012	12.3	28.7	45.0	13.2	0.8
2013	18.4	32.5	38.2	10.0	1.0
2014	20.8	36.6	35.9	6.5	0.3
2015	18.2	35.6	40.2	5.4	0.7
2016	19.6	38.9	35.0	5.7	0.8
2017	17.8	39.5	36.2	5.9	0.6
2018	24.1	40.3	29.5	5.4	0.8
2019	22.2	39.4	32.0	6.0	0.3
2020	18.5	32.0	42.4	6.7	0.4
平均	20.5	30.3	38.1	9.4	1.7

资料来源:《中国创业投资发展报告》。

表 4-2 我国创业投资项目所处阶段总体分布（按投资金额） 单位:%

阶段 年份	种子期	起步期	成长（扩张）期	成熟（过渡）期	重建期
2009	19.9	12.8	45.1	18.5	3.7
2010	10.2	17.4	49.2	20.2	3.0
2011	4.3	14.8	55.0	22.3	3.6

续表

年份＼阶段	种子期	起步期	成长（扩张）期	成熟（过渡）期	重建期
2012	6.6	19.3	52.0	21.6	0.6
2013	12.2	22.4	41.4	22.8	1.2
2014	5.6	25.2	59.0	10.1	0.1
2015	8.1	21.5	54.4	15.2	0.7
2016	4.3	30.3	38.5	26.3	0.6
2017	4.5	20.8	44.7	29.9	0.2
2018	10.9	33.0	44.6	10.4	1.1
2019	15.6	34.8	35.7	13.7	0.2
2020	9.2	24.1	54.9	11.6	0.2
平均	9.3	23.0	47.9	18.5	1.3

资料来源:《中国创业投资发展报告》。

以 2004～2020 年的长时间跨度来看，投向种子期和起步期（以下合称早期）的创业投资案例比重并没有表现出明显的趋势性。不过，以 2011 年和 2018 年为分水岭可以发现，2011～2018 年我国创业投资市场投向早期的比重明显高于 2011 年以前（见图 4-2、图 4-3），而 2018 年以后，投向早期的创业投资案例占比呈现逐年递减的趋势。从投资阶段的历史分布来看，经济形势较好、宏观环境较为稳定的年份，投资早期的比重较高。例如，2018 年，创业投资分布于种子期的案例数占 24.1%，分布于起步期的案例数占 40.3%，早期投资合计占比达到 64.4%，超过历年平均 13.6 个百分点；2019 年，创业投资分布于种子期的金额占比 15.6%，分布于起步期的金额占比 34.8%，早期投资合计占比达到 50.4%，超过历年平均 18.1 个百分点。而在一些经济波动较大、不确定性较强的年份，创业投资阶段的分布则表现出明显的往中后期移动的倾向。例如，2020 年，受新冠肺炎疫情影响，创业投资分布于种子期的案例数占比 18.5%，比前一年下降 3.7 个百分点，低于历年平均 2 个百分点，分布于起步期的案例数占比 32.0%，比前一年下降 7.4 个百分点，合计占比 50.5%，比 2019 年下降 11.1 个百分点，比历年平均还低 0.5 个百分点，投早期的比重为 2012 年以来最低。这一现象也从侧面印证了，投早期企业与较高的投资风险相关，加大对中后期企业的投资是创业投资机构的一种避险策略。

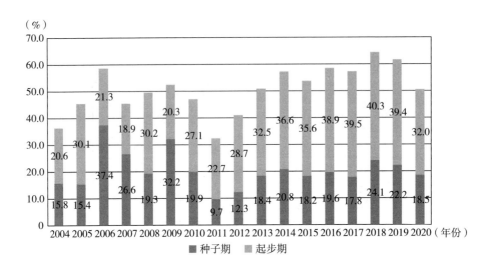

图4-2 我国创业投资机构投向早期阶段的案例分布占比

资料来源：《中国创业投资发展报告》。

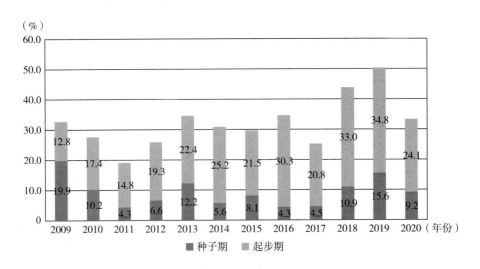

图4-3 我国创业投资机构投向早期阶段的金额分布占比

资料来源：《中国创业投资发展报告》。

从投资轮次分布看，早期融资轮次（B 轮之前）是我国创业投资机构的主要投资轮次。以 2022 年上半年为例，我国创业投资机构投资参与最多的投资轮次是 A 轮融资，发生投资案例 552 起，占比 32.8%；第二为 B 轮，发生投资案例 288 起，占比 17.1%；第三为天使轮，发生投资案例 244 起，占比 14.5%；第四为 Pre-A 轮，发生投资案例 204 起，占比 12.1%（见图 4-4）。天使轮、Pre-A 轮和 A 轮合计占比 59.4%，接近创业投资机构总投资案例的 60%，而 B 轮以后的融资案例仅占 23.5%。相对于 2021 年，2022 年上半年创业投资机构投资中后期轮次和上市后定向增发的比重有明显下降，一个重要原因是中后期项目估值偏高，超出大部分创业投资机构的承受能力。

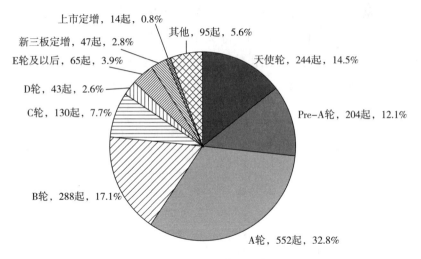

图 4-4 2022 上半年我国创业投资机构投资轮次分布（按投资项目数）

资料来源：清科《2022 年上半年中国创业投资市场研究报告》。

（二）从行业分布看，早期投资最关注的领域为信息技术、生物医疗、半导体及电子设备

从投资案例数来看，2021 年早期机构[①]投资次数最多的领域为 IT 行业，共有 581 起案例，其中 IT 服务业共计 435 起，占比 74.9%，企业服务、大数

---

① 根据投资机构对自身主要投资阶段的定位，清科将市场上活跃的股权投资机构按主投阶段从早到晚划分为早期机构、创投机构和私募股权投资机构，早期投资机构的投资案例绝大部分集中在早期项目。

据、云计算、人工智能、SaaS 等子赛道尤其受到早期投资机构关注。第二是生物技术/医疗健康领域，共发生 246 起投资案例，其中医疗设备、医药、生物工程、医疗服务四个二级行业分别发生投资案例 63 起、59 起、38 起、34起，医疗设备领域中，较受早期投资者关注的是体外诊断试剂、血管介入类耗材、医用机器人等，医药领域较受早期投资者关注的是肿瘤、免疫系统疾病方面的创新药。第三是互联网领域，共发生投资案例 210 起，同比下降11.0%，这与 2021 年互联网平台企业面临更严格的监管密切相关。第四是半导体及电子设备领域，共发生投资案例 188 起，随着美国对我国芯片出口限制的加强，国内市场芯片供应短缺的问题日趋凸显，无论从国家战略层面，还是从市场主体投资意愿层面，都更加重视半导体技术和产品的国产替代，早期机构对半导体及电子设备的实际关注度比案例数呈现得更高，但由于半导体技术和产品领域的投资门槛较高，单笔投资额较大，因此早期投资机构投向该领域的案例数不及创业投资机构和私募股权投资机构（见表 4-3）。

表 4-3　2021 年我国股权投资机构投资领域分布（按投资案例）

序号	一级行业	早期机构投资（起）	创投机构投资（起）	私募股权投资（起）	早期机构投资占比（%）
1	IT	581	1357	1228	18.35
2	生物技术/医疗健康	246	1225	1046	9.77
3	互联网	210	441	455	18.99
4	半导体及电子设备	188	815	845	10.17
5	连锁及零售	125	187	184	25.20
6	食品 & 饮料	104	131	113	29.89
7	机械制造	82	270	315	12.29
8	清洁技术	49	122	161	14.76
9	化工原料及加工	43	161	186	11.03
10	娱乐传媒	41	54	116	19.43
11	教育与培训	34	26	34	36.17
12	金融	34	89	109	14.66
13	汽车	23	72	109	11.27
14	物流	16	39	50	15.24

资料来源：清科《2021 年中国创业投资研究报告》《2021 年中国早期投资市场研究报告》《2021年中国私募股权投资市场研究报告》；作者推算。

从投资金额来看，2021 年早期投资机构投资规模最高的领域为 IT 行业，披露的总投资额约为 78.81 亿元；第二为生物技术/医疗健康领域，披露的总投资额为 31.46 亿元；第三为互联网领域，披露的总投资额为 20.99 亿元；第四为半导体及电子设备领域，披露的总投资额为 20.36 亿元。按早期机构投资占三种类型股权投资机构投资总额的比重来看，早期机构投资占比最高的是教育与培训领域，占比达到 6.57%，其次是 IT 领域和连锁及零售领域，早期机构投资占比分别为 3.48%、3.47%（见表 4-4）。

表 4-4 2021 年我国股权投资机构投资领域分布（按投资额）

序号	一级行业	早期机构投资（亿元）	创投机构投资（亿元）	私募股权投资（亿元）	早期机构投资占比（%）
1	IT	78.81	709.16	1476.2	3.48
2	生物技术/医疗健康	31.46	927.68	1538.49	1.26
3	互联网	20.99	477.94	1044.4	1.36
4	半导体及电子设备	20.36	588.34	1881.93	0.82
5	机械制造	14.72	164.17	442.64	2.37
6	连锁及零售	14.51	141.17	262.91	3.47
7	食品和饮料	8.06	59.02	300.29	2.19
8	化工原料及加工	5.88	80.48	190.19	2.13
9	清洁技术	5.63	111.81	445.00	1.00
10	物流	4.77	131.16	699.95	0.57
11	金融	4.65	71.38	220.77	1.57
12	娱乐传媒	4.34	25.52	123.96	2.82
13	教育与培训	2.97	12.30	29.91	6.57
14	汽车	1.96	99.36	333.73	0.45

资料来源：清科《2021 年中国创业投资研究报告》《2021 年中国早期投资市场研究报告》《2021 年中国私募股权投资市场研究报告》；作者推算。

半导体及电子设备、物流、汽车等投资门槛较高、单笔融资额较大的产业领域，早期机构投资的比重都较低。以半导体及电子设备领域为例，早期机构投资占半导体及电子设备领域总投资额的比重仅为 0.82%，投资总额列所有一级行业第四位，仅为 IT 行业的 1/4；创业投资机构占半导体及电子设备领域总投资的比重约为 23.6%，不足生物医药行业的 2/3；而私募股权投资机构投资占半导体及电子设备领域总投资的 75.6%，总金额达到 1881.9 亿元，远高于 IT、生物医药、互联网等其他一级行业。这一现象可能导致的结果是，半导体等一些重要领域的早期资金投入不足，大量资金涌向中后期阶段，看似投入了大量资金，但原始创新、基础创新投入却严重不足，"卡脖子"的核心技术和关键部件仍然无法实现国产替代和自主可控。

（三）从地域分布看，江浙沪地区早期投资最为活跃

从早期投资案例绝对数来看，北京、上海、深圳、江苏、浙江属于第一梯队，早期投资案例数远高于其他地区。2020 年，北京共计发生早期投资案例 258 起，创业投资案例 651 起，合计 909 起，列全国第一位；上海共计发生早期投资案例 207 起，创业投资案例 543 起，合计 750 起；深圳共计发生早期投资案例 173 起，创业投资案例 429 起，合计 602 起；江苏共计发生早期投资案例 88 起，创业投资案例 497 起，合计 585 起；浙江共计发生早期投资案例 140 起，创业投资案例 327 起，合计 467 起①。

结合科技部统计的各地创业投资案例阶段分布来看，在早期创业投资案例数较多的地区中，上海、江苏、浙江三地的早期投资案例占全部创业投资案例的比重较高（见表 4-5）。其中，2020 年发生在江苏的创业投资案例中，种子期占比 22.6%，起步期占比 35.2%，早期合计占比 57.8%；发生在浙江的创业投资案例中，种子期占比 23.0%，起步期占比 34.6%，早期合计占比 57.6%；发生在上海的创投案例中，种子期占比 17.4%，起步期占比 38.8%，早期合计占比 56.2%；江苏、浙江、上海三地早期投资占比在有统计的 29 个省区中分别位列第 8~第 10 位。而北京市虽然早期投资案例绝对值较高，但占全部投资案例的比重相对较低，2020 年发生在北京的创投案例中，种子期占比 16.0%，起步期占比 27.9%，早期合计占比 43.9%，在 29 个省区中列第19 位，无论是在种子期还是起步期的投资案例占比上，江浙沪地区都明显高于北京。此外，在中西部地区中，四川、湖北两地的创业投资案例数量和金额都较高，同时早期投资占比也相对较高，分别为 66.7% 和 55.6%，列 29 个省区中的第 7 和第 11 位，是中西部地区中早期投资较为活跃的省份。

---

① 资料来源：清科《2020 年中国创业投资研究报告》。

表4-5　2020年我国各地创业投资项目投资阶段分布　　　单位:%

序号	地区	种子期	起步期	成长（扩张）期	成熟（过渡）期	重建期	早期合计
1	江西	0.0	100.0	0.0	0.0	0.0	100.0
2	海南	100.0	0.0	0.0	0.0	0.0	100.0
3	西藏	0.0	100.0	0.0	0.0	0.0	100.0
4	贵州	14.8	66.7	14.8	3.7	0.0	81.5
5	天津	40.8	28.2	23.9	7.0	0.0	69.0
6	河南	20.0	48.0	32.0	0.0	0.0	68.0
7	四川	16.7	50.0	29.2	4.2	0.0	66.7
8	江苏	22.6	35.2	38.6	3.4	0.2	57.8
9	浙江	23.0	34.6	37.0	4.8	0.5	57.6
10	上海	17.4	38.8	40.5	2.5	0.8	56.2
11	湖北	27.8	27.8	36.1	8.3	0.0	55.6
12	吉林	16.7	37.5	45.8	0.0	0.0	54.2
13	福建	25.0	28.8	38.5	7.7	0.0	53.8
14	山西	13.3	40.0	33.3	13.3	0.0	53.3
15	山东	9.5	41.3	34.9	14.3	0.0	50.8
16	河北	0.0	50.0	37.5	0.0	12.5	50.0
17	黑龙江	18.2	27.3	54.5	0.0	0.0	45.5
18	重庆	0.0	44.4	44.4	11.1	0.0	44.4
19	北京	16.0	27.9	46.6	9.5	0.0	43.9
20	辽宁	0.0	42.9	57.1	0.0	0.0	42.9
21	广东	15.0	26.9	47.8	9.9	0.4	41.9
22	陕西	21.8	16.4	50.9	10.9	0.0	38.2
23	湖南	5.7	23.6	53.8	17.0	0.0	29.3
24	甘肃	0.0	26.7	73.3	0.0	0.0	26.7
25	广西	0.0	25.0	75.0	0.0	0.0	25.0
26	安徽	3.6	19.3	71.1	6.0	0.0	22.9
27	云南	0.0	20.0	80.0	0.0	0.0	20.0
28	宁夏	5.6	5.6	77.8	0.0	11.1	11.2
29	新疆	0.00	0.00	50.00	50.00	0.00	0.0

注：本表中早期指种子期和起步期。

资料来源：《中国创业投资发展报告2021》。

（四）从国际比较看，我国创业投资阶段相比美国更偏中后期

表4-6列出了美国创业投资协会（NVCA）统计的2011~2020年美国创业投资项目阶段分布。由于NVCA与我国的统计机构对企业所处阶段的划分并不一致，在阶段统计上存在一定交叉，以科技部的统计口径为例，美国的天使/种子期对应我国的种子期和一部分起步期项目，美国的早期对应我国的起步期及一部分成长期项目，美国的后期则对应我国的一部分扩张期项目以及成熟期、并购（重建/衰退）期项目。尽管无法一一对应比较，但从表4-6中仍可以看到，美国创业投资市场对早期投资的重视度很高。2011~2020年，美国创业投资市场投向天使期和种子期的创业投资案例占全部投资案例的比重平均达到45.3%，仅有22.9%的创业投资案例投向后期。一些年份（如2015年），美国创业投资市场投向天使期和种子期的案例甚至超过总投资案例的一半，早期投资的活跃度在全球位居前列，对于尽早发现和孵化有潜力的创业企业起到了关键作用。

表4-6　美国创业投资项目所处阶段分布（按投资项目数）　　　单位：%

年份＼阶段	天使/种子期	早期	后期
2011	37.5	36.5	26.0
2012	43.8	33.3	22.9
2013	48.5	30.9	20.6
2014	49.1	30.3	20.6
2015	50.6	29.7	19.7
2016	48.1	31.0	20.9
2017	47.0	31.8	21.2
2018	43.7	32.7	23.6
2019	42.9	32.4	24.7
2020	41.7	29.6	28.7
平均	45.3	31.8	22.9

资料来源：美国创业投资协会（National Venture Capital Association）。

欧洲在对早期投资的培育上远不如美国成功，创业投资案例在阶段分布上相比美国偏中后期。根据欧洲风险投资协会（EVCA）的阶段划分标准，欧洲创业投资市场的种子期一般对应我国的种子期,初创/起步期对应我国的起步期以及一部分成长期项目,后期对应我国的一部分扩张期项目以及成熟期、并购(重建/衰退)期项目。根据 EVCA 统计,2007～2019 年,欧洲创业投资项目中投向种子期的比重平均为 15.0%,投向初创期和起步期的比重平均为 54.6%,投向后期的比重平均为 30.4%(见表 4-7)。相较于美国庞大而成熟的天使投资市场,欧洲的创业投资机构对天使期、种子期项目的关注度偏低,在部分年份(如 2017～2019 年),对后期项目的投资占比甚至超过了 50%,这也是欧洲整体原始创新能力不如美国的一个重要原因。近年来,欧盟、英国等国家和地区已经意识到早期投入不足导致的科技竞争力下降的问题,通过加大组建政府引导基金力度等方式,加强对早期项目的投入力度,在第七章中将详细介绍。

表 4-7 欧洲创业投资项目所处阶段分布(按投资项目数) 单位:%

阶段 年份	种子期	初创/起步期	后期
2007	14.5	44.4	41.1
2008	13.7	46.8	39.4
2009	11.4	53.1	35.5
2010	12.7	55.3	32.0
2011	13.0	55.8	31.2
2012	11.8	60.4	27.8
2013	13.3	58.0	28.6
2014	14.4	59.5	26.1
2015	20.2	58.0	21.8
2016	24.7	55.1	20.2
2017	17.0	27.0	56.0
2018	17.0	29.0	54.0
2019	16.0	26.0	58.0
平均	15.0	54.6	30.4

资料来源:欧洲风险投资协会(European Private Equity and Venture Capital Association)。

二、政府引导基金参股对创业投资阶段的影响

根据科技部的统计，截至 2020 年底，我国政府引导基金累计参股创业投资基金 531 只，政府引导基金累计出资规模达到 1053.7 亿元（见图 4-5）。结合其他资料，科技部的统计数据很可能远小于实际情况。根据《国家新兴产业创业投资引导基金发展报告》，截至 2020 年底，仅国家新兴产业创业投资引导基金参股的创业投资基金就已达到 420 只，加上数量庞大的地方政府引导基金，政府引导基金参股创业投资基金的数量远不止 500 只。在本书依托内部数据库和公开数据资料构建的数据集中，剔除了有多只政府引导基金出资的重复样本后，仍有超过 1000 只获得政府引导基金出资的创业投资基金

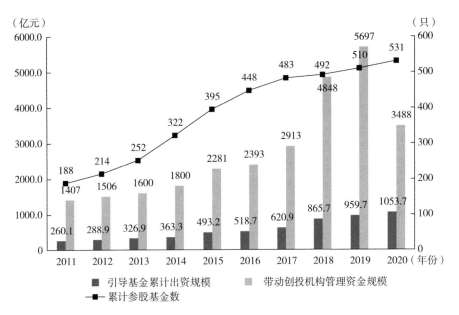

图 4-5 我国政府引导基金参股创业投资基金情况

注：该统计口径来源于科技部的样本调查，结合其他数据来源判断其绝对值远小于实际情况，但能反映趋势的变动。

资料来源：《中国创业投资发展报告 2021》。

样本，其中绝大多数参股基金有对外投资的记录。

基于投早期的重要性和我国创业投资市场投早期的相对不足，设立政府引导基金的一个重要政策目标就是弥补社会资本对早期项目投资的不足。在政策设计层面，我国政府引导基金在设立方案中一般会较为明确地将投资早期企业作为引导的方向之一，一些制度较为规范的政府引导基金，如国家新兴产业创业投资引导基金等，则会明确要求参股基金投资早期的最低比重。近年来，政府审计报告中也多次提到一些地方政府基金设立同质化，导致政府资金使用率偏低、资金闲置、重复投资等问题，整改要求各地政府更加重视产业投资基金与创业投资基金的区别，定位为产业投资的政府基金投资阶段向扩张期、成熟期企业集中，而定位为创业投资的政府引导基金，其投资阶段则应进一步向早期转移。在这些制度推动下，政府引导基金参股基金与其他市场化创业投资基金在投资阶段分布上呈现出一定差异。

表4-8、表4-9列示了2011~2020年科技部统计样本中，政府引导基金参股基金和其他未接受政府引导基金参股的创业投资基金在投资项目阶段分布上的差异。从投资案例数看，政府引导基金参股基金投向种子期的数量平均占全部投资案例的17.7%，投向起步期的数量平均占比35.4%，投向成长（扩张）期的数量平均占比38.5%，投向成熟（过渡）期的数量占比7.8%，投向重建期的数量占比0.7%。而未获得政府引导基金参股的创业投资基金投向种子期的数量平均占全部投资案例的14.1%，投向起步期的数量占比30.2%，投向成长（扩张）期的数量占比44.4%，投向成熟（过渡）期的数量占比10.6%，投向重建期的数量占比0.7%。从中可见，政府引导基金参股的创业投资基金投向种子期的比重比未获得政府引导基金参股的创业投资基金平均高出3.6个百分点，投向起步期的比重比其他创业投资基金平均高出5.2个百分点，投向成长（扩张）期的比重比其他创业投资基金平均低6个百分点，投向成熟（过渡）期的比重比其他创业投资基金平均低2.8个百分点，投向重建期的比重二者持平（见表4-10）。政府引导基金参股基金在平均投资阶段上比未参股基金更偏早期，投向种子期、起步期的案例占比明显高于其他创业投资基金。

表4-8 政府引导基金参股基金投资阶段分布（按投资项目数） 单位:%

年份 \ 阶段	种子期	起步期	成长（扩张）期	成熟（过渡）期	重建期
2011	7.7	25.1	51.1	13.7	2.4
2012	7.5	29.2	48.9	14.4	0.0
2013	18.7	32.7	39.2	8.4	1.0
2014	32.4	32.4	30.1	5.1	0.0
2015	17.3	38.1	39.5	5.0	0.1
2016	17.2	34.3	40.4	6.8	1.4
2017	16.4	38.8	37.3	6.9	0.6
2018	20.7	42.4	30.0	5.7	1.2
2019	20.7	43.8	30.0	5.6	0.0
2020	18.5	37.2	38.0	6.0	0.4
平均	17.7	35.4	38.5	7.8	0.7

资料来源:《中国创业投资发展报告》;作者推算。下两张表同。

表4-9 其他创业投资基金平均投资阶段分布（按投资项目数） 单位:%

年份 \ 阶段	种子期	起步期	成长（扩张）期	成熟（过渡）期	重建期
2011	3.0	18.1	62.2	14.0	2.7
2012	2.5	17.5	53.7	25.3	1.0
2013	11.4	26.2	46.3	15.9	0.2
2014	4.9	28.1	53.8	12.9	0.3
2015	11.6	25.8	53.5	8.5	0.6
2016	21.2	42.0	31.4	5.0	0.4
2017	18.7	40.0	35.5	5.2	0.6
2018	26.4	38.9	29.1	5.5	0.1
2019	23.1	36.9	33.3	6.3	0.4
2020	18.4	28.9	45.3	7.1	0.4
平均	14.1	30.2	44.4	10.6	0.7

表4-10 政府引导基金参股基金和其他基金投资阶段分布差（按投资项目）

单位:%

年份 \ 阶段	种子期	起步期	成长（扩张）期	成熟（过渡）期	重建期
2011	4.7	7.0	-11.1	-0.3	-0.3
2012	5.0	11.7	-4.8	-10.9	-1.0
2013	7.3	6.5	-7.1	-7.5	0.8

续表

年份 ＼ 阶段	种子期	起步期	成长（扩张）期	成熟（过渡）期	重建期
2014	27.5	4.3	-23.7	-7.8	-0.3
2015	5.7	12.3	-14.0	-3.5	-0.5
2016	-4.0	-7.7	9.0	1.8	1.0
2017	-2.3	-1.2	1.8	1.7	0.0
2018	-5.7	3.5	0.9	0.2	1.1
2019	-2.4	6.9	-3.3	-0.7	-0.4
2020	0.1	8.3	-7.3	-1.1	0.0
平均差值	3.6	5.2	-6.0	-2.8	0.0

注：表中值为每一阶段政府引导基金参股基金投资数量分布占比减去其他创业投资基金投资数量分布占比。

从投资额分布看，政府引导基金参股基金投向种子期的金额平均占全部投资额的8.8%，投向起步期的金额占比28.2%，投向成长（扩张）期的金额占比49.1%，投向成熟（过渡）期的金额占比13.4%，投向重建期的金额占比0.5%（见表4-11）。而未获得政府引导基金参股的创业投资基金投向种子期的金额平均占全部投资额的7.1%，投向起步期的金额占比21.3%，投向成长（扩张）期的金额占比50.5%，投向成熟（过渡）期的金额占比20.5%，投向重建期的数量占比0.6%（见表4-12）。政府引导基金参股基金投向种子期的资金比其他创业投资基金平均高出1.8个百分点，投向起步期的比重比其他创业投资基金平均高出6.9个百分点，而投向成长（扩张）期的比重比其他创业投资基金平均低1.5个百分点，投向成熟（过渡）期的比重比其他创业投资基金平均低7.1个百分点，投向重建期的比重比其他创业投资基金平均低0.1个百分点（见表4-13）。金额分布的差值也表明，政府引导基金参股基金投向种子期、起步期等早期项目的资金占比显著高于其他创业投资基金，而投向中后期的资金占比则显著低于其他创投基金。

表4-11　政府引导基金参股基金投资阶段分布（按投资额）　　单位:%

年份 ＼ 阶段	种子期	起步期	成长（扩张）期	成熟（过渡）期	重建期
2011	4.1	17.5	60.7	14.8	2.9
2012	3.0	17.7	53.6	25.7	0.0

续表

年份＼阶段	种子期	起步期	成长（扩张）期	成熟（过渡）期	重建期
2013	11.4	25.8	47.3	15.5	0.0
2014	6.6	28.3	52.6	12.5	0.0
2015	10.8	25.8	52.1	10.7	0.6
2016	5.8	41.3	38.2	13.3	1.3
2017	9.7	24.0	59.3	6.6	0.4
2018	8.2	29.0	49.8	13.0	0.0
2019	17.9	42.6	30.0	9.5	0.0
2020	10.6	29.8	47.0	12.4	0.2
平均	8.8	28.2	49.1	13.4	0.5

资料来源：《中国创业投资发展报告》；作者推算。下两张表同。

表 4-12　其他创业投资基金平均投资阶段分布（按投资额）　单位：%

年份＼阶段	种子期	起步期	成长（扩张）期	成熟（过渡）期	重建期
2011	3.1	13.6	53.3	27.2	2.8
2012	7.5	20.1	52.5	19.5	0.4
2013	12.5	20.9	37.7	27.5	1.4
2014	3.2	18.8	72.6	5.4	0.0
2015	6.2	19.4	56.0	18.3	0.1
2016	3.8	25.8	40.8	29.5	0.1
2017	2.7	19.6	41.2	36.5	0.0
2018	11.9	34.3	42.9	10.3	0.6
2019	12.0	22.6	44.5	20.2	0.6
2020	7.7	18.2	63.8	10.1	0.2
平均	7.1	21.3	50.5	20.5	0.6

表 4-13　政府引导基金参股基金和其他基金投资阶段分布差（按投资额）

单位：%

年份＼阶段	种子期	起步期	成长（扩张）期	成熟（过渡）期	重建期
2011	1.0	3.9	7.4	-12.4	0.1
2012	-4.5	-2.4	1.1	6.2	-0.4

续表

年份 \ 阶段	种子期	起步期	成长（扩张）期	成熟（过渡）期	重建期
2013	-1.1	4.9	9.6	-12.0	-1.4
2014	3.4	9.5	-20.0	7.1	0.0
2015	4.6	6.4	-3.9	-7.6	0.5
2016	2.0	15.5	-2.6	-16.2	1.2
2017	7.0	4.4	18.1	-29.9	0.4
2018	-3.7	-5.3	6.9	2.7	-0.6
2019	5.9	20.0	-14.5	-10.7	-0.6
2020	2.9	11.6	-16.8	2.3	0.0
平均差值	1.8	6.9	-1.5	-7.1	-0.1

注：表中值为每一阶段政府引导基金参股基金投资金额分布占比减去其他创业投资基金投资金额分布占比。

上述分析较为直观地反映了政府引导基金参股基金在投资阶段上明显比其他创业投资基金更偏早期。但是，仅通过此数据对比无法排除筛选效应。在许多研究创业投资的文献中都提到过筛选效应导致的内生性问题，即创业投资机构会筛选出那些更符合投资目标的企业进行支持，如 Fitza 等（2009）的研究表明，初创企业自身的特性在解释有创业投资机构支持和未支持企业的绩效差异时贡献了 26.3%，而创业投资机构的参与仅能解释 11.2%，Sorensen（2007）认为，筛选效应对企业 IPO 成功率的作用几乎是创业投资机构管理效应的两倍等。

政府引导基金在选择创业投资基金参股时面临与创业投资基金参股初创企业时类似的内生性问题，即政府引导基金可能选择了一些本身具有较强投早期倾向的创业投资基金参股，而非政府引导基金参股行为本身推动了创业投资机构提高对早期企业的投资。从政策评估的角度看，政策效应而非筛选效应才是重点关注的，因此本书在第五章和第六章将通过双重差分计量模型排除筛选效应的干扰，对政府引导基金参股的政策效应进行更为严谨的论证。

三、本章小结

本章通过横向和纵向对比分析了用以衡量创业投资机构风险偏好的我国创业投资阶段分布情况，并对比了政府引导基金参股基金和未参股基金在投资阶段分布上的差异。主要发现如下：

第一，早期投资比重与宏观经济的不确定性高度相关，不确定性越强的时期，创业投资机构的避险情绪越强，投向早期的比重越低。

第二，我国创业投资在阶段分布上相比美国更偏向中后期，早期投资相对不足。

第三，政府引导基金参股基金投向早期项目的数量和资金占比明显高于其他创业投资基金。但是，这一差异未能排除筛选效应，即政府引导基金可能选择了本身具有较强投早期倾向的创业投资基金参股，而非政府引导基金参股行为本身提高了创业投资机构投早期企业的偏好。要考量政府引导基金参股行为的影响，还须经过更严谨的论证。

第五章　政府引导基金对参股基金风险偏好的影响

本章围绕本书提出的第一个问题——政府引导基金参股是否会对创投基金风险偏好①产生影响展开研究。在此基础上，本章将对政府引导基金参股的阶段要求、让利机制、保值要求、返投要求等多种影响机制进行检验。

一、问题与假说

在政策设计层面，我国大部分政府引导基金强调加大对早期企业投资，认为成立政府引导基金的一大目的就是弥补市场对早期企业尤其是早期创新型企业投资的不足。那么，政府引导基金引导投早的政策意图是否得到了落实？在第四章，本书已通过科技部的统计样本，简单对比了政府引导基金参股基金和其他创业投资基金在投资阶段上的差异。从投资案例数看，2011～2020年，政府引导基金参股基金投向种子期的比重比其他创业投资基金平均高出 3.6 个百分点，投向起步期的比重平均高出 5.2 个百分点，投向成长

---

① 本章将标题拟为"政府引导基金对参股基金风险偏好的影响"，主要是为了与第六章的研究对象做区分。事实上，创投基金作为一个资金池，本身不具有风险偏好，只有管理创业投资基金的 PE/VC 机构才具有风险偏好，本章中所称"参股基金风险偏好"更严谨的表述为"参股基金 PE/VC 管理机构表现在该只参股基金投资行为上的风险偏好"，与第六章的研究对象"参股基金 PE/VC 机构表现在管理的所有创投基金投资行为上的风险偏好"有天然区别。出于行文简洁目的，本章中统一称为"参股基金风险偏好"，但事实上研究的对象仍为 PE/VC 机构的风险偏好。

（扩张）期的比重则平均低 5.9 个百分点，投向成熟（过渡）期的比重平均低 2.8 个百分点（见图 5-1）；从投资金额看，政府引导基金参股基金投向种子期的比重比其他创业投资基金平均高出 1.7 个百分点，投向起步期的比重平均高出 6.9 个百分点，投向成长（扩张）期的比重则平均低 1.5 个百分点，投向成熟（过渡）期的比重平均低 7.1 个百分点（见图 5-2）。

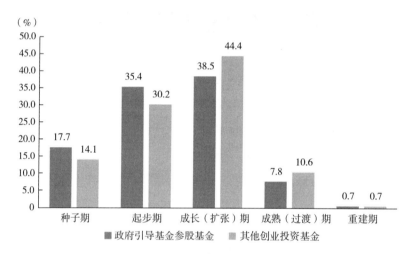

图 5-1　政府引导基金参股基金和其他基金投资阶段对比（按投资项目）

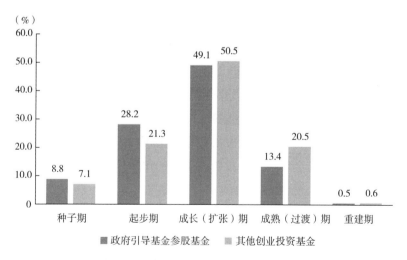

图 5-2　政府引导基金参股基金和其他基金投资阶段分布对比（按投资额）

注：图 5-1、图 5-2 统计的是 2011~2020 年的平均值。

资料来源：《中国创业投资发展报告》，作者推算。

从结果来看，政府引导基金参股基金投向早期阶段的比重确实高于其他创业投资基金，而投向中后期的比重则显著低于其他创业投资基金。但是，正如第四章中所强调的，这一统计无法排除政府引导基金的筛选效应——政府引导基金在参股前，可能对参股基金以往的投资策略、投资定位以及参股基金的 PE/VC 管理机构的投资偏好进行了全方位的考察，筛选出了那些本身具有较强投早期倾向的基金参股，因此造成了参股基金投早期比重平均高于其他创业投资基金的结果。而本书关注的是，政府引导基金参股行为本身对参股基金风险偏好的影响，这就必须在控制筛选效应的前提下衡量政策效果。

综上，提出如下假说：

H1：政府引导基金通过对参股基金的激励约束机制影响 PE/VC 机构风险偏好。

关于政府引导基金如何通过参股机制设计影响 PE/VC 机构的风险偏好，进一步提出如下四个分假说：

H1.1 阶段要求：要求参股基金投向早中期、初创期企业的数量不低于一定比例，强制提高 PE/VC 机构承受的投资风险。

H1.2 让利机制：政府引导基金降低超额收益分成比例，刺激 PE/VC 机构为了更高收益承担更高风险。

H1.3 保值要求：以国有资产保值增值要求约束参股基金，强化 PE/VC 机构风险规避倾向。

H1.4 返投要求：要求参股基金投向本地项目的数量不低于一定比例，缩小投资范围，相应减少可选择的高风险、高成长项目。

阶段要求是指政府引导基金为了实现投早投小的政策目标，往往会在出资协议中约定，参股基金投向符合要求的早期企业的比重不得低于基金总规模（或总投资项目数）的一定比例，该比例往往由政府引导基金的政策导向、政府引导基金所在地的产业发展情况等决定，如国家新兴产业创业投资引导基金的最低比例设定为 60%，而一些地方性政府引导基金的最低比例设定为 30% 或更低，并非所有的政府引导基金都设有最低投资阶段要求。投向早期的最低比例要求越高，参股金投向早期的比重也会相应提高。

让利机制是指政府引导基金为了激励 PE/VC 管理机构投向早期企业或政策鼓励的其他方向，在收益分配规则上事先约定，获得的超额收益部分以高于社会出资人的分配比例补偿给 PE/VC 机构。让利机制的存在会刺激 PE/VC 机构为了追求超额收益而更多地关注处于早期的有较大发展潜力的企业，对其风险容忍度有提升作用。

保值要求是指部分政府引导基金由于接受财政出资，因此将国有资产保值增值的要求（不合理地）套用在参股基金的投资经营策略上，如果出现大量投资企业的账面亏损乃至破产①，那么政府主管部门可能会通过政府引导基金管理机构对管理参股基金的 PE/VC 机构施压，从而促使 PE/VC 机构减少对不确定性较强的早期企业的投资，加大对中后期成熟企业的投资，也降低了其风险偏好。

返投要求是指（大部分）由地方政府发起设立的政府引导基金在参股基金时往往会设定返投比例，要求参股基金以不低于总规模的一定比例或不低于政府引导基金出资的 2 倍或 3 倍金额投向政府引导基金所属地②。返投要求的存在虽然不直接影响参股基金 PE/VC 机构的风险偏好，但是至少会通过两种渠道抑制其对早期企业的投资：一是会显著缩小 PE/VC 机构的投资可选范围，使其难以投向注册在政府引导基金要求区域外的早期项目；二是会在筛选参股基金管理机构时，将一部分具有较强投资管理能力的 PE/VC 机构排除在外，造成逆向选择问题③。

对 H1 及其影响机制的总结如图 5-3 所示。由于不同的机制对参股基金

---

① 事实上，投资的早期企业大量亏损乃至破产属于正常现象，对于创投基金而言，小部分的投资成功案例获得的财务收益（通常有几十乃至几百倍的回报）往往足以覆盖其大部分的投资项目亏损。

② 在政府引导基金的发展过程中，关于返投比例的设定各地有较大差异，且在不断变化，参见本书第三章第一节。

③ 在政府引导基金运作存在的问题中，PE/VC 机构反映最为强烈的当属返投比例的限制。尤其是在 2016~2017 年各地政府引导基金集中设立的时期，有些地方因为缺乏经验，一味强调财政资金的支出要支持地方发展，忽视了当地新兴产业发展的客观实际和社会资本要求收益回报的合理诉求，将返投的标准定得过高、过死，以至于优秀的 PE/VC 机构不愿意和该类政府引导基金合作，愿意和政府引导基金合作的 PE/VC 机构又不具备完成政策目标的能力，逆向选择的问题比较普遍且较为严重。反而一些优质项目多的地区，并不过分设定政府引导基金的返投标准，如深圳市政府引导基金参股基金累计投资深圳市内企业的数量占比为 37.09%，而金额占比仅为 31.32%，给了管理参股基金的 PE/VC 机构在地域选择上更多的自由裁量权。由于返投比例和保值增值要求的双重限制，许多参股基金 PE/VC 机构难以找到既能满足位于当地同时具备良好的投资回报前景的合适项目，因此经常出现投资期已过去两三年甚至进入退出期时，基金仅投出去两三个项目的现象，不仅造成了财政资金的闲置、社会出资方的不满，也没有达到预定的支持本地早中期、初创期创新型企业发展的目的。

风险偏好的影响方向不同，其综合效果存在不确定性，需要实证加以检验。

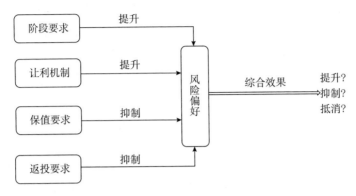

图 5-3 政府引导基金对参股基金风险偏好的影响机制

二、委托—代理模型

政府引导基金对参股基金的激励约束及其产生的影响可以用不对称信息条件下的委托—代理模型来解释。首先，考虑在单一目标情形下，政府引导基金本身是风险中性或是风险规避类型对参股基金 PE/VC 机构最优反应的影响；其次，考虑当参股基金面临多任务情形时 PE/VC 机构的最优反应，特别讨论了在多任务存在优先序的前提下 PE/VC 机构行为的变化。

（一）单一目标情形下的委托—代理模型

一般在委托—代理模型中，委托人符合风险中性假设，而代理人则符合风险规避假设。事实上，政府引导基金作为委托人，可能会表现出明显的风险规避特征，最典型的，一些政府引导基金会对参股基金 PE/VC 机构提出资产保值增值要求。因此，本部分考察在参股基金仅有单一目标（最大化政府引导基金利润）的情形下，当政府引导基金为风险中性和风险规避类型时，对参股基金 PE/VC 机构最优的激励方案和 PE/VC 机构相应努力程度的变化。

在 Laffont 和 Tirole（2014）政府采购与规制中的激励模型基础上，参考一些学者在研究政府与社会资本合作（PPP）模式中对政府与社会参与方风险分担机制的分析（徐飞和宋波，2010；袁义淞和李腾，2015），建立如下模型：

（1）政府引导基金是委托人，委托参股基金的 PE/VC 机构代为管理资金并选择符合政策目标的项目进行投资，PE/VC 机构为代理人。委托人和代理人都是理性的，都追求效用最大化，效用都是关于参股基金货币收益的单调非减函数。

（2）PE/VC 机构的努力水平用 e 表示，e 是 $[\underline{e}, \bar{e}]$ 区间内的连续变量，e 严格为正。参股基金的货币收益可表示为 $\pi = ke + \varepsilon$，$\varepsilon \sim N(0, \sigma^2)$，$E(\pi) = ke$，即基金的预期货币收益是关于 PE/VC 机构努力程度的单调增函数。其中，常数 k 表示效率参数，k 严格为正。k 越大，表示 PE/VC 机构的管理能力越强，付出同样的努力程度 e 能够获得的预期收益越高。

（3）PE/VC 机构的成本函数形式为 $C(e) = \dfrac{1}{2}b_1 e^2$，其中，$b_1$ 表示 PE/VC 机构努力的负效用参数[①]；政府引导基金对 PE/VC 机构进行监管的成本函数为 $\varphi(\pi) = \dfrac{1}{2}b_2\big[(1-\delta)\pi\big]^2$，其中，$\delta$ 表示政府引导基金从参股基金收益中分享红利的损耗系数，$0<\delta<1$；b_2 表示政府付出监管努力的负效用参数，b_1，$b_2 > 0$。

（4）政府引导基金给予 PE/VC 机构的报酬方案为关于货币收益的线性函数 $S(\pi) = \alpha + \beta\pi$，其中，$\alpha$ 表示支付给 PE/VC 机构的固定管理费，$\beta\pi$ 表示对超额收益部分的绩效奖励，β 表示激励系数，$\beta \geq 0$。

（5）PE/VC 机构为风险规避型，风险厌恶系数用 ρ 表示，$\rho > 0$，风险成本为 $\dfrac{1}{2}\rho\big[\operatorname{var}(S(\pi))\big] = \dfrac{1}{2}\rho\beta^2\sigma^2$。

先看政府引导基金为风险中性时模型的参与约束和激励相容解。此时，政府引导基金的期望收益[②]可用式（5-1）表示。

---

① 为了简化，此处将努力的负效用设定为常数，在一些更复杂的模型中，会假定负效用 $\psi(e)$ 是关于努力程度 e 的增函数，$\forall e > 0$，$\psi'(e) > 0$，$\psi''(e) > 0$，且 $\psi(0) = 0$，$\lim\limits_{e \to +\infty}\psi(e) = +\infty$，参见让-雅克·拉丰和让·梯若尔（2004）第一章"成本补偿规则"。

② 为了简化，此处将出资人限定为只有一个政府引导基金，在有多个出资人的情况下，π 可以理解为政府引导基金能从参股基金收益中获得的份额。

$$E(\pi-S(\pi)-\varphi(\pi))=ke-(\alpha+\beta ke)-\frac{1}{2}b_2[(1-\delta)ke]^2 \tag{5-1}$$

PE/VC 机构的期望收益可用式（5-2）表示。

$$S(\pi)-C(e)=\alpha+\beta ke-\frac{1}{2}b_1e^2 \tag{5-2}$$

PE/VC 机构的确定性收益为期望收益减去风险成本，可用式（5-3）表示。

$$w=\alpha+\beta ke-\frac{1}{2}b_1e^2-\frac{1}{2}\rho\beta^2\sigma^2 \tag{5-3}$$

由式（5-3）可知，PE/VC 机构与政府引导基金合作的参与约束条件为：

$$IR:\alpha+\beta ke-\frac{1}{2}b_1e^2-\frac{1}{2}\rho\beta^2\sigma^2\geqslant\overline{w} \tag{5-4}$$

其中，$\overline{w}$ 表示不与政府引导基金合作时 PE/VC 机构的保留效用。将式（5-3）对 e 求偏导，可得到 PE/VC 机构的激励相容条件，用式（5-5）表示。

$$IC:e=\beta k/b_1 \tag{5-5}$$

根据式（5-1）、式（5-3）和式（5-5）建立拉格朗日函数，可以求解政府引导基金效用最大化函数，得到最优的激励系数 β^* 和 PE/VC 机构最优的努力程度 e^* 如式（5-6）、式（5-7）所示。

$$\beta^*=\frac{k^2b_1}{k^2b_1+b_2(1-\delta)^2k^4+b_1^2\rho\sigma^2} \tag{5-6}$$

$$e^*=\frac{k^3}{k^2b_1+b_2(1-\delta)^2k^4+b_1^2\rho\sigma^2} \tag{5-7}$$

再看当政府引导基金为风险规避类型时的情形。此时，政府引导基金和风险规避的 PE/VC 机构一样，多了一项风险成本。假设政府引导基金的风险规避系数为 $\rho_g>0$，则其风险成本可表示为 $\frac{1}{2}\rho_g[\mathrm{var}(\pi-S(\pi))]=\frac{1}{2}\rho_g(1-\beta)^2\sigma^2$。此时，政府的期望效用如式（5-8）所示：

$$E'=E[\pi-S(\pi)-\varphi(\pi)]-\frac{1}{2}\rho_g(1-\beta)^2\sigma^2$$

$$=ke-(\alpha+\beta ke)-\frac{1}{2}b_2[(1-\delta)ke]^2-\frac{1}{2}\rho_g(1-\beta)^2\sigma^2 \tag{5-8}$$

PE/VC 机构的期望收益、风险成本不变，因此其参与约束和激励相容约束不变，根据式（5-8）、式（5-3）和式（5-5）建立拉格朗日函数，求解政府引导基金效用最大化函数，得到政府风险规避情形下的最优解如式（5-9）、式（5-10）所示。

$$\beta^{*'} = \frac{k^2 b_1 + b_1^2 \rho_g \sigma^2}{k^2 b_1 + b_2 (1-\delta)^2 k^4 + b_1^2 (\rho + \rho_g) \sigma^2} \tag{5-9}$$

$$e^{*'} = \frac{k^3 + b_1 \rho_g \sigma^2 k}{k^2 b_1 + b_2 (1-\delta)^2 k^4 + b_1^2 (\rho + \rho_g) \sigma^2} \tag{5-10}$$

对比式（5-6）和式（5-9），由于 b_1，b_2，$\rho_g > 0$，有 $\beta^{*'} > \beta^*$，$e^{*'} > e^*$。也就是说，政府引导基金是风险规避类型时，比政府引导基金是风险中性时，PE/VC 机构不可观测的努力程度更高，但同时，政府需要提供给 PE/VC 机构的激励比例更高。将式（5-9）对 ρ_g 求偏导可知，$\frac{\partial \beta^{*'}}{\partial \rho_g} > 0$，即政府引导基金的风险厌恶系数越高，需要提供给 PE/VC 机构的激励比例就越高①。

① 理论推演的结果与实际观察到的一致，政府引导基金为了激励参股基金管理机构加大对早期企业的投资力度，往往需要向管理机构支付更高的管理费，从而激励管理机构付出更多不可观测的努力，较为典型的案例是澳大利亚的前种子基金（Pre-Seed Fund，PSF）和创新投资基金（Innovation Investment Fund，IIF）。IIF 基金由澳大利亚工业、旅游和资源部下属的商业项目执行部门 AusIndustry 和专门负责推进技术进步和企业创新的产业研发委员会（Industry Research and Development Board）共同组建，共设立了三期基金，基金规模分别为 1.91 亿澳元、1.57 亿澳元和 2.9 亿澳元，合计参股了 13 只创投基金。在前两期引导基金中，IIF 要求所有参股基金必须全部投向处于种子期、初创期或扩张期初期（或早中期）的科技型企业，第三期基金则将投资对象扩展到了从事商品生产和提供服务的小企业。根据 IIF 基金对"合格被投资企业"的定义，参股基金的投资对象在发展阶段上必须是处于起步阶段，在收入上投资前两年的平均收入不超过 400 万澳元且单一年度收入不超过 500 万美元。据 AusIndustry 网站统计，IIF 参股基金投资的企业，约有 21% 投向早期，42% 投向初创期，37% 投向早中期。2001 年，澳大利亚政府又成立了 PSF 基金，定位为推动大学和公共研发机构研发活动的产业化。PSF 基金的运作模式和 IIF 类似，都是通过参股基金并约定投资方向的方式来推动早期创新型企业发展，唯一不同的是，由于 PSF 基金的投资对象阶段定位更为靠前（以种子期为主），澳大利亚政府认为其投资风险更高，社会资本的参与意愿更低，因此政府资金在 PSF 参股基金中的最高比例比 IIF 更高（最高可达到 75%），支付给参股基金管理机构的固定管理费率更高（IIF 基金为 2.5%~3%，而 PSF 基金为 3%~3.5%）。PSF 的机制设计在支持早期项目上取得了理想的效果，与 IIF 基金及澳大利亚其他的政府引导基金相比，PSF 基金参股的创业投资基金投资早期项目或企业的比重明显更高。但是，PSF 参股基金投向高技术产业的比重却低于 IIF 基金，此外，PSF 参股基金在投资筛选新项目的热情上显然不如 IIF 基金，截至 2011 年 6 月底，PSF 基金在 10 年的运作中仅投资了 71 个项目，其中 15 项投资撤销，实际只完成了 56 个投资项目。PSF 基金参股基金的经济效益表现也不尽如人意，以 2010~2011 财年为例，4 只参股基金年度总投资 298 万澳元，其中 208 万澳元为政府出资，但年度收益仅有 17 万澳元；截至 2011 年 6 月，政府资金累计投入 PSF 基金的金额达到 6579 万澳元，但累计获得的收益仅有 103 万澳元。

（二）多目标情形下的委托—代理模型

第一个模型最大的问题是，假定政府引导基金的效用只取决于参股基金的货币回报，但事实上，大多数政府引导基金还承载着一些不能用货币衡量的政策目标，实现这些目标尽管不能提高参股基金的货币回报（甚至可能反过来降低货币回报），但是却能提高整体的社会福利。一些文献表明，有政府背景的创业投资机构对于政治任务相关的社会目标的关注度经常会高于财务收益（余琰等，2014）。本书讨论的加大对早期企业的投资力度，就是大多数政府引导基金的非财务目标之一。此外，一些政府引导基金还将促进新兴产业发展、促进就业、促进招商引资、区域一体化更多元化的政策目标也纳入了政府引导基金政策目标（应晓妮，2020）。由于早期企业有较高的失败率，提高投资组合中早期企业的比重，可能会造成参股基金预期收益率的下降，此时，仅用货币回报来衡量 PE/VC 机构的努力程度就会造成 PE/VC 机构行为偏离政策目标，因此需要对模型进行调整，将多目标纳入机制设计的考虑范围。

1. 多目标不存在优先序的情形

Holmstrom 和 Milgrom（1991）提供了在多任务框架下的委托—代理模型，本书在该模型的基础上加以演化，讨论了当参股基金面临多任务情形下，PE/VC 机构的最优努力程度以及政府引导基金如何设计激励方案才能激励 PE/VC 机构同时较好地完成两项可能存在冲突的目标。模型有如下假定：

（1）政府引导基金是委托人，参股基金的 PE/VC 机构为代理人。代理人同时面临委托人要求的两项任务，第一项任务是投早期企业，第二项任务是其他更高阶的投资要求（包括挖掘和培育更有创新潜力的企业、创造更高的财务回报等）[1]。PE/VC 机构为两项任务付出的努力程度为向量 $t=(t_1, t_2)$，该努力的成本为 $C(t)$。代理人的努力可以产生收益 $B(t)$，该收益归属委托人所有。成本函数严格凸，收益函数严格凹。

（2）代理人的努力程度不能被直接观察到，而需要以某种信号显示的方式呈现。例如，PE/VC 机构投早期的努力程度反映在早期企业占总投资案例

---

[1]　第二项任务可以继续细分为多项任务，不影响结论，为简化起见，本书仅用双任务模型进行说明，对多任务模型的证明过程参见 Holmstrom 和 Milgrom（1991）。

数、总投资金额的比例上。该信号显示的过程用 $x=\mu(t)+\varepsilon$ 来描述。其中，μ 是凹函数，$\varepsilon \sim N(0, \Sigma)$。

（3）委托人支付给代理人的补偿性工资合同为 $w(x)$，即补偿性工资取决于观察到的代理人努力程度的信号，此时有代理人的确定性等价（Certainty Equivalent，CE）条件为 $u(CE)=E\{u[w(\mu(t)+\varepsilon)-C(t)]\}$。其中，代理人的效用函数形式为 $u(w)=-e^{-rw}$，$r>0$ 表示代理人的风险厌恶系数，代理人为风险规避型，委托人是风险中性的。

（4）补偿性工资为线性函数形式，$w(x)=\alpha^T x+\beta$，其中，$\alpha=(\alpha_1, \alpha_2)$ 表示对每项任务的激励强度。结合代理人的效用函数形式，可得到确定性等价条件为 $CE=\alpha^T\mu(t)+\beta-C(t)-\frac{1}{2}r\alpha^T\sum\alpha$。即确定性等价工资由期望工资减去努力的成本以及风险溢价。

（5）政府引导基金的预期收益为参股基金收益减去支付给 PE/VC 机构的补偿性工资，用 $B(t)-E[w(\mu(t)+\varepsilon)]$ 表示，考虑到 $w(x)=\alpha^T x+\beta$，$\varepsilon \sim N(0, \Sigma)$，则政府引导基金的预期收益可表示为 $B(t)-\alpha^T\mu(t)-\beta$。又根据 PE/VC 机构的确定性等价条件可知，在确定性等价条件下，政府引导基金的预期收益可表示为 $B(t)-C(t)-\frac{1}{2}r\alpha^T\sum\alpha$。

根据上述假定，可推出该最大化问题的表达式如式（5-11）、式（5-12）所示：

$$\max_{t,\alpha} B(t)-C(t)-\frac{1}{2}r\alpha^T\sum\alpha \tag{5-11}$$

$$\text{s. t. } \max_t\alpha^T\mu(t')-C(t') \tag{5-12}$$

为了求解该最大化问题，不妨令 $\mu(t)=t$，t 向量在任意维度上严格为正，也就是说，PE/VC 机构必须为政府引导基金规定的两项任务都付出努力。此时有式（5-13）：

$$\alpha_i=C_i(t), \quad \forall i \tag{5-13}$$

其中，$C_i(t)$ 表示 $C(t)$ 对 t_i 求偏导。式（5-1）左右两边再对 t 求偏导，有式（5-14）：

$$\frac{\partial\alpha}{\partial t}=[C_{ij}] \tag{5-14}$$

其中，$[C_{ij}]$ 表示 $C_i(t)$ 再对 t_j 求偏导。利用式（5-13）和式（5-14），可得到最大化问题的一阶条件为：

$$\alpha = (I + r[C_{ij}]\textstyle\sum)^{-1}B' \tag{5-15}$$

其中，$B' = (B_1, B_2)$ 表示 $B(t)$ 函数的一阶导数。假设误差项随机独立，则式（5-15）可简化为：

$$\alpha_i = B_i(1 + rC_{ii}\sigma_i^2)^{-1} \tag{5-16}$$

从式（5-16）中可以看到，对任务 i 的最优绩效奖励强度与 PE/VC 机构的风险厌恶程度 r 以及该任务本身的风险 σ_i^2 成反比。

现在进一步假设两项任务存在异质性，PE/VC 机构对第一项任务（投早期）的努力可以被观察到，但对第二项任务（促进创新、提高政府引导基金的收益等）不能被直接观察到。此时有：

$$x = t_1 + \varepsilon \tag{5-17}$$

根据误差随机独立的假设，有 $\sigma_{12} = 0$，又因为第二项任务的努力程度不可观测，其误差项 σ_2^2 为无限大。根据上述两项推论，再结合 t 向量在任意维度上严格为正的假设，t_1，$t_2 > 0$，有：

$$\alpha_1 = \frac{B_1 - \dfrac{B_2 C_{12}}{C_{22}}}{1 + r\sigma_1^2\left(C_{11} - \dfrac{C_{12}^2}{C_{22}}\right)} \tag{5-18}$$

从式（5-18）可以看到，若 $C_{12} < 0$，则 $|C_{12}|$ 越大，α_1 越大；若 $C_{12} > 0$，则 $|C_{12}|$ 越大，α_1 越小。从 C_{12} 的性质来看，其代表同时进行两项任务时，PE/VC 机构的边际成本。因此，当两项任务存在互补性时，$C_{12} < 0$，此时，加大对可观察到的第一项任务的激励，可以同时促使 PE/VC 机构加大对两项任务的努力程度；而当两项任务存在替代性时，$C_{12} > 0$，此时，加大对可观察到的第一项任务的激励，会降低 PE/VC 机构对第二项任务的努力程度。

现实中，投早期的任务和提高参股基金收益回报的任务往往存在冲突，可以认为二者存在替代性，这也意味着，对投早期的要求过高、激励强度过大，会减少政府引导基金参股基金的财务回报，反之亦然。

2. 多目标存在优先序的情形

Holmstrom 和 Milgrom（1991）的模型表明，当同时完成存在冲突的两项任务时，政府引导基金在激励机制的设计上必须格外谨慎。但是，这一模型并未解决最优激励强度的问题，要给出最优激励强度，就得引入任务优先序的概念。

所谓任务优先序，就是指在政府引导基金规定的几项存在冲突的任务中，政府引导基金对任务重要性的排序。例如，一些政府引导基金认为完成返投任务比挖掘有创新潜力项目的任务更重要，一些政府引导基金则认为更多投向早中期的任务比提高参股基金财务回报更重要。在模型部分，本书不考虑应然问题，即不界定究竟哪类任务更为重要，而是从是然的角度去论证，当政府引导基金更看重其中一类任务时，如何设计激励机制才能达成其既定的政策目标。

在 Holmstrom 和 Milgrom（1991）的模型基础上，参考 Bolton 和 Dewatripont（2005）对代理人同时完成两类任务时的货币成本函数设定，以及熊维勤（2013）对特异性冲击和系统性冲击两类冲击的设定，对模型的假设进行一些变更。

仍假设有两类任务，第一类任务是投早期企业，第二类任务是其他更高阶的投资要求（包括挖掘和培育更有创新潜力的企业、创造更高的财务回报等），第一类任务是政府引导基金优先要保障实现的任务，在实现第一类任务的基础上，政府引导基金要求代理人 PE/VC 机构提高第二类任务的完成度。

PE/VC 机构为两项任务付出的努力程度仍用向量 $t=(t_1, t_2)$ 表示，努力程度不可观测，需要通过一个信号显示过程体现出来。不同于上一个模型，这里引入一个系统性风险的概念，即 PE/VC 机构对某项任务的努力程度最终呈现的状态，不仅受该任务本身的风险影响，也受系统性风险的影响。例如，在经济形势较差时，寻找符合条件的早期项目和寻找高利润的项目同样较难实现。

系统性风险用 ξ 来表示，则信号显示过程可以用用 $x=\mu(t)+\varepsilon+\xi$ 来描述。其中，$\mu(t)=t$，$\varepsilon=(\varepsilon_1, \varepsilon_2)$，$\xi=(\xi, \xi)$，$\varepsilon_i \sim N(0, \sigma_i^2)$，$\xi \sim N(0, \sigma^2)$，$\varepsilon_1$，$\varepsilon_2$，$\xi$ 相互独立。

假定成本函数的形式为 $C(t)=\dfrac{(c_1 t_1^2+c_2 t_2^2)}{2}+\gamma t_1 t_2$，$0<\gamma<\sqrt{c_1 c_2} \leqslant 1$。参数 γ 可以理解为 PE/VC 机构在两类项目间转换努力的难易程度，γ 越大，PE/VC 机构越难同时兼顾两类任务。补偿性工资仍为线性函数 $w(x)=\alpha^T x+\beta$ 的形式。

有两个重要的新假设是：①PE/VC 机构完成第一类任务（投早期）的风险更高，即 $\sigma_1^2 > \sigma_2^2$；②但对于政府引导基金来说，PE/VC 机构完成第一类任务的优先序更高，完成第一类任务的溢价用 $\lambda > 0$ 表示（λ 可以理解为投早期企业产生了正的外部性，因而对政府部门而言有高于参股基金货币回报的社会价值）。PE/VC 机构的效用函数形式[1]设定为 $U(w, e) = 1 - e^{-\rho[w - C(t)]}$。

此时，可以得到 PE/VC 机构的确定性等价工资为 $CE = \alpha_1 t_1 + \alpha_2 t_2 + \beta - \dfrac{\alpha_1^2 \sigma_1^2 + \alpha_2^2 \sigma_2^2 + (\alpha_1 + \alpha_2)^2 \sigma^2}{2} - \dfrac{(c_1 t_1^2 + c_2 t_2^2)}{2} - \gamma t_1 t_2$，将确定性等价工资标记为 $\overline{w}$。委托人政府引导基金的最大化问题及其约束条件可以用式（5-19）、式（5-20）、式（5-21）表示：

$$\underset{t,\alpha}{\text{Max}}\,(1+\lambda) t_1 + t_2 - w(t, \alpha) \qquad (5\text{-}19)$$

$$\text{s. t. } IR: \overline{w} \geq 0 \qquad (5\text{-}20)$$

$$IC: \{t_1, t_2\} \in \arg\max \overline{w} \qquad (5\text{-}21)$$

用拉格朗日方程求解一阶条件得到式（5-22）：

$$\begin{cases} \alpha_1 = c_1 t_1 + \gamma t_2 \\ \alpha_2 = \gamma t_1 + c_2 t_2 \end{cases} \begin{cases} t_1 = \dfrac{c_2 \alpha_1 - \gamma \alpha_2}{c_1 c_2 - \gamma^2} \\ t_2 = \dfrac{c_1 \alpha_2 - \gamma \alpha_1}{c_1 c_2 - \gamma^2} \end{cases} \qquad (5\text{-}22)$$

由式（5-22）推出最优激励强度应满足式（5-23）：

$$\begin{cases} \alpha_1 = \dfrac{(1+\lambda) c_2 - \gamma + [\gamma - \rho(c_1 c_2 - \gamma^2) \sigma^2] \alpha_2}{c_2 + \rho(c_1 c_2 - \gamma^2)(\sigma^2 + \sigma_1^2)} \\ \alpha_2 = \dfrac{c_1 - (1+\lambda) \gamma + [\gamma - \rho(c_1 c_2 - \gamma^2) \sigma^2] \alpha_1}{c_1 + \rho(c_1 c_2 - \gamma^2)(\sigma^2 + \sigma_2^2)} \end{cases} \qquad (5\text{-}23)$$

对两项任务的激励强度之间的关系可以用 $\dfrac{d\alpha_1}{d\alpha_2}$ 来表示，通过判断 $\dfrac{d\alpha_1}{d\alpha_2}$ 的方向，可以判断出对两项任务的最优激励强度是互补的还是互替的。又根据式（5-23），可知 $\dfrac{d\alpha_1}{d\alpha_2}$ 的方向与 $\gamma - \rho(c_1 c_2 - \gamma^2) \sigma^2$ 的方向一致，因此有式（5-24）：

---

① 该效用函数满足绝对风险厌恶系数为常数的特征（CARA 函数形式），参见 Holmstrom 和 Milgrom（1991）。

$$\begin{cases} \dfrac{d\alpha_1}{d\alpha_2} \leq 0, \ \ 0 < \gamma \leq \dfrac{\sqrt{1+4\rho^2\sigma^4 c_1 c_2}-1}{2\rho\sigma^2} \\[4mm] \dfrac{d\alpha_1}{d\alpha_2} > 0, \ \ \dfrac{\sqrt{1+4\rho^2\sigma^4 c_1 c_2}-1}{2\rho\sigma^2} < \gamma < 1 \end{cases} \tag{5-24}$$

根据式（5-24）可知，当 γ 小于临界值时，意味着 PE/VC 机构在两类项目间转换的成本较低，兼顾两类项目的难度较低，此时，如果提高对第二类任务的激励强度，那么就必须降低对第一类任务的激励强度，同理，提高对第一类任务的激励强度，就必须降低对第二类任务的激励强度，两类激励方案具有替代性；而当 γ 的值相对较大时，意味着 PE/VC 机构在两类项目间转换的成本较高，此时对政府引导基金而言，最优的选择是同步提高或降低对两类任务的激励强度，以诱发 PE/VC 机构投入最大的努力，此时两类激励方案具有互补性。

注意到，γ 临界值的大小取决于 PE/VC 机构的风险厌恶程度 ρ 和系统性风险大小 σ^2，PE/VC 机构的风险厌恶程度越高，系统性风险越大，γ 的临界值越大，第一类任务和第二类任务的激励强度存在替代性的可能越高，也即政府引导基金的两类目标兼得的可能性越低。

从式（5-24）中还可以推知，$\dfrac{d\alpha_1^*}{d\lambda} > 0$，$\dfrac{d\alpha_2^*}{d\lambda} < 0$。对此的解释是显而易见的，投早期的任务产生的社会收益越大，正外部性越强，政府引导基金对投早期的任务越重视，对第一类任务的最优激励强度也应相应提高，而对第二类任务的激励强度则应随之下降。

三、实证分析

（一）模型设定和数据样本

利用多期双重差分模型（Difference in Difference，DID）考察政府引导基金参股对创投基金风险偏好的影响。结合本书构造的数据样本特性，参考相关文献中控制的固定效应，使用两个基准计量模型，用式（5-25）和式（5-26）表示。

$$risk_{it} = \beta_0 + \beta_1 gfund_{it} + \gamma \sum con_{it} + \mu_i + \eta_t + \varepsilon_{it} \qquad (5\text{-}25)$$

$$risk_{ijt} = \alpha_0 + \alpha_1 gfund_{ijt} + \gamma \sum con_{ijt} + \lambda_j + \eta_t + \varepsilon_{ijt} \qquad (5\text{-}26)[1]$$

在式（5-25）中，关键解释变量 $gfund_{it}$ 表示政府引导基金的参股行为，为 0~1 哑变量形式[2]。实验组 A 的基金（政府引导基金参股基金）在政府引导基金出资及以后的年份，$gfund_{it}$ 变量的取值为 1；实验组 A 的基金在政府引导基金出资前的年份，$gfund_{it}$ 变量的取值为 0；参照组 A 的基金（非政府引导基金参股基金）在任何年份中，$gfund_{it}$ 变量的取值都为 0。

被解释变量 $risk_{it}$ 表示参股基金 i 在 t 年的风险偏好，由于风险偏好本身不能量化，因此需要选取其代理变量。在前三章中，本书已经讨论了用投资轮次作为参股基金风险偏好代理变量的合理性，为了进一步保证结论的稳健性，本书使用了三个与投资轮次相关的代理变量来衡量参股基金的投资风险偏好，分别是：①平均投资轮次（$avginv$），其计算方法为，平均投资轮次 = ∑轮次值$_j$/总投资次数，为了量化平均投资轮次，先为各轮次按发生顺序赋值（见表 5-1），从种子轮到上市后（新三板挂牌后）定向增发，分别赋予 0~16 分的分值，投资轮次越早，赋值越小，这也意味着，早期投资数量占比越高的基金，其平均投资轮次（$avginv$）的值越小。②投 B 轮前占比（$brto$），其计算方法为，投 B 轮前次数/总投资次数，研究机构一般将 B 轮前投资定义为早期轮次投资，在样本中，B 轮前投资共含 5 轮，从早到晚分别是种子轮、天使轮、Pre-A 轮、A 轮和 A+轮，基金投 B 轮前占比（$brto$）越高，代表其对早期投资的关注度越高。③投 B 轮前次数（$bcnt$），即直接将基金种子轮、天使轮、Pre-A 轮、A 轮和 A+轮的次数作为风险偏好的代理变量，由于投 B 轮前次数在较大程度上与总投资次数相关，对于风险偏好的刻画不如平均投资轮次和投 B 轮前占比准确。

con_{it} 表示一组控制变量，包括基金自身特征、基金注册地特征等，μ_i 表

---

① 由于 $risk$ 变量和控制变量（con）中都包含基金 i 本身的信息，因此即使未控制个体固定效应，在误差项 ε 中仍然会包含基金本身的异质性，因此在第二个模型中仍应包含下标 i，类似的模型设定参见梁若冰和王群群（2021）。

② 考察政府引导基金出资绝对量的影响，只需将出资数值与 $gfund_{it}$ 做交乘项即可。

示基金个体固定效应，η_t 表示随时间变化的趋势效应，ε_{it} 表示随机误差项，$\varepsilon_{it} \sim N\left(0, \sigma^2\right)$。

表5-1　投资轮次及对应赋值

种子轮	天使轮	Pre-A 轮	A 轮	A+轮	Pre-B 轮	B 轮	B+轮	—
0	1	2	3	4	5	6	7	
C 轮	C+轮	D 轮	D+轮	E 轮	F 轮	G 轮	Pre-IPO 轮	定向增发
8	9	10	11	12	13	14	15	16

注：定向增发包括上市定增和新三板定增，考虑到定向增发为上市或挂牌后的行为，不属于创业投资的范畴，但实际处理数据时发现 PE/VC 机构定向增发的情况较多，为了充分利用数据，对定向增发赋值为16。清科数据库中还有其他轮次定义，如"战略投资""其他"等，由于涉及样本不多，且较难界定投资阶段，故予以剔除。

式（5-26）与式（5-25）最大的区别在于替换了控制的固定效应，去掉了个体固定效应，替换为省份固定效应（λ_j），仍保留年份固定效应（η_t），con_{ijt} 表示一组控制变量，ε_{ijt} 表示随机误差项，$\varepsilon_{ijt} \sim N\left(0, \sigma^2\right)$。

除关键解释变量 $gfund$ 和被解释变量 $avginv$、$brto$、$bcnt$ 外，本章所使用的所有变量含义（见表5-2）。其中，$treat$ 变量表示该样本是否属于实验组，若 $treat = 1$，则为有政府引导基金出资的创投基金，属于实验组 A；若 $treat = 0$，则为政府引导基金参股基金 PE/VC 机构管理下的没有政府引导基金出资的创投基金，即属于参照组 A。此外，表5-2 中还列出了本章将使用的控制变量和调节变量。

表5-2　实验组 A 和参照组 A 变量定义及构造

	变量名	变量定义	变量分类
$gfund$	当年是否有引导基金出资	实验组 A 的基金在政府引导基金出资及出资后的年份（$gfund = 1$），实验组 A 的基金在政府引导基金出资前的年份（$gfund = 0$）	关键解释变量
$treat$	是否为实验组	$treat = 1$，为有政府引导基金出资的创投基金，即实验组 A；$treat = 0$，管理政府引导基金的 PE/VC 机构管理下的没有政府引导基金出资的创业投资基金，即参照组 A	

续表

变量名		变量定义	变量分类
id	基金编号	实验组的基金和对照组各自对应不同的 id，用于面板数据处理	个体固定效应
fid	机构编号	一个机构编号对应两组投资数据，分别是实验组（接受政府引导基金参股基金）和对照组（未接受政府引导基金参股基金）	匹配变量
year	年份	2005~2022 年的投资年份	年份固定效应
avginv	平均投资轮次	平均投资轮次＝总投资轮次值/总投资次数	被解释变量
bcnt	投 B 轮前次数	投 B 轮前（含种子轮、天使轮、Pre-A 轮、A 轮、A+轮）的次数	被解释变量
brto	投 B 轮前占比	投 B 轮前占比＝投 B 轮前次数（bcnt）/总投资次数	被解释变量
gfl	引导基金层级	政府引导基金层级虚拟变量，按行政层级共分为四级：区县级＝1、地市级＝2、省级＝3、国家级＝4	调节变量
self	引导基金自管	基金自管虚拟变量，自管＝1，非自管＝0	调节变量
gscale	引导基金规模	政府引导基金自身的管理规模（万元）	调节变量
grto	引导基金出资占比	政府引导基金出资后占参股基金总规模的比重，如果参股基金进行了多轮募资，则按该只政府引导基金进入时所占的比重计算（%）	调节变量
big	引导基金最大出资人	政府引导基金在出资时是不是参股基金的最大出资人（含并列），虚拟变量，是最大出资人＝1，不是最大出资人＝0	调节变量
dble	多只引导基金出资	该基金有超过一只政府引导基金出资＝1，否则＝0	调节变量
industry	基金主投行业	按九大战略性新兴产业领域以及其他明确标明的行业领域划分，主投领域超过一个或主投领域不明的，都计为盲投	行业固定效应
prov	基金注册省	基金注册地所在的省份	省份固定效应
city	基金注册市	基金注册地所在的市	城市固定效应
region	基金注册区域	按东部、中部、西部、东部四大区域划分	区域固定效应
prd	基金成立时长	基金成立时长＝投资年份-基金成立年份	控制变量
fscale	基金规模	2022 年 5 月该基金管理规模（万元）	控制变量
pgdp	基金所在地人均 GDP	基金注册省份当年人均 GDP（元）	控制变量

本章使用的资料来源情况如下：政府引导基金参股数据来源于《国家新兴产业创业投资引导基金发展报告》、国家中小企业发展基金网站公开数据、其他地区政府引导基金网站数据、清科私募通披露的数据，基金投资数据来源于清科私募通数据库。数据类型为面板数据，时间长度为 2005～2022 年①。在时间长度设定上，考虑到我国创业投资事业起步较晚，国家发展改革委2005 年第 39 号文后，国内创业投资事业才开始有小规模发展；政府引导基金模式开展更晚，国办〔2008〕116 号文后，北京、深圳等地才开始先行先试政府引导基金模式，大规模开展政府引导基金投资要等到 2014 年以后，因此时间不宜往前推太长。

样本构造方法如下：

第一步：找出实验组 A，即被政府引导基金出资的创业投资基金（1072只），确定对应的 PE/VC 机构，即实验组 B（425 个）。其中，国家级政府引导基金参股基金数据查找《国家新兴产业创业投资引导基金发展报告》，国家中小企业基金通过其网站公布的信息摘录，省（直辖市）级、计划单列市政府引导基金出资信息通过《国家新兴产业创业投资引导基金发展报告》地区篇、清科私募通数据库政府引导基金信息以及省份相关网站信息摘录，其他市级及区县级通过清科私募通数据库、网页信息摘录。

第二步：找出实验组 B 管理的所有基金名单，从实验组 B 管理的基金中排除实验组 A，即为参照组 A。

第三步：找出实验组 A 和参照组 A 的历年投资信息。投资信息主要来源于清科私募通数据库中记录的创业投资基金投资阶段数据。

第四步：找出实验组 A 和参照组 A 的控制变量信息。控制变量信息主要来源于清科私募通数据库、《国家新兴产业创业投资引导基金发展报告》、网站信息等，包括基金注册地、基金规模、基金主投行业领域、基金成立年份等。

第五步：将历年投资信息与实验组和参照组的政府引导基金出资信息、控制变量信息相匹配，形成作为计量样本的面板数据。

A 组变量描述性统计如表 5-3 所示。从表 5-3 可见，绝大多数变量拥有9000 条以上的观测值，可以保证计量结果的稳健性。从 *treat* 的均值可见，参

---

① 2022 年数据截至本书样本数据最后更新时间 2022 年 7 月。

照组 A（未接受政府引导基金参股的创业投资基金）的观测值约为实验组 A（接受政府引导基金参股的创投基金）的 2 倍。

表5-3　A组变量描述性统计

变量名	样本量	均值	标准差	最小值	最大值
id	9565	17490	4616	10001	21072
fid	9565	534.2	308.6	1	1073
year	9064	2016	4.030	2005	2022
treat	9565	0.300	0.460	0	1
gfund	9565	0.260	0.440	0	1
allinv	9061	64.52	138.3	0	2065
allcnt	9063	13.03	25.20	0	348
bcnt	9063	7.870	14.80	0	170
avginv	9063	5.170	3.220	0	16
brto	9059	0.600	0.350	0	1
gfl	9562	2.740	1.220	1	4
self	9562	0.320	0.470	0	1
fscale	9366	1338309	2.260e+07	16.64	4.300e+08
gscale	8897	1333567	2.310e+07	16.64	4.290e+08
grto	8829	0.230	0.210	0	1
big	8904	0.280	0.450	0	1
dble	9562	0.130	0.330	0	1
fyr	9562	2016	3.050	2008	2020
prd	9061	0.338	4.355	−15	13
prov	9565	14.62	9.460	1	30
city	9565	56.92	31.74	1	120
region	9565	3.270	0.660	1	5
industry	9565	4.950	4.540	1	14
pgdp	8883	81193.4	36309.26	5218	190313

注：有 232 个样本的基金成立时长（prd）值小于 0，是由于部分基金承诺出资时间先于基金正式注册设立时间，不影响计量结果。

（二）回归结果

表5-4 展示了基准模型（不控制变量）的回归结果。第（1）～第（3）

列报告了控制年份固定效应和个体固定效应的回归结果（根据式（5-25））。第（1）列的结果显示，政府引导基金参股使得创业投资基金的平均投资轮次后移了 0.93 轮，该估计在 1% 的水平上显著。第（2）列的结果显示，政府引导基金参股使得创业投资基金投向 B 轮前的比重平均下降了 6.6 个百分点，该估计在 5% 的水平上显著。第（3）列的结果显示，政府引导基金参股使得创业投资基金投向 B 轮前的次数平均减少了 0.67 次，但该估计在统计上不显著。

表 5-4　基准模型回归（不控制其他变量）

变量	(1)	(2)	(3)	(4)	(5)	(6)
	avginv	brto	bcnt	avginv	brto	bcnt
gfund	0.926 ***	-0.066 **	-0.6708	0.177 **	0.002	-8.878 ***
	(3.70)	(-2.07)	(-1.02)	(2.03)	(0.19)	(-33.29)
年份固定效应	Yes	Yes	Yes	Yes	Yes	Yes
省份固定效应				Yes	Yes	Yes
个体固定效应	Yes	Yes	Yes			
N	9063	9059	9063	9063	9059	9063
R^2	0.0903	0.0749	0.1833	0.1054	0.0705	0.1341

注：括号中数值报告的是 t 值，***、**、* 分别表示在 1%、5%、10% 的水平上显著；表中报告的 R^2 为组内 R^2；下同。

第（4）~第（6）列报告了控制年份固定效应和省份固定效应的回归结果（根据式（5-26））。第（4）列的结果显示，政府引导基金参股使得创业投资基金的平均投资轮次后移了 0.18 轮，该估计在 5% 的水平上显著。第（5）列的结果显示，政府引导基金参股对创业投资基金投向 B 轮前的比重影响在经济上和统计上均不显著。第（6）列的结果显示，政府引导基金参股使得创业投资基金投向 B 轮前的次数平均减少了 8.9 次。

由于表 5-4 的回归中未控制基金特征等变量，而创投基金本身具有一些不随时间变化但会影响其投资策略、风险偏好的特征，如基金的总募资量、基金主投阶段定位、基金主投行业领域以及管理基金的 PE/VC 机构的不可观测的特征等，这些固定变量在仅控制省份固定效应和年份固定效应时未被模型考虑在内，而控制个体固定效应和年份固定效应则能较好地解决遗漏变量的问题，因此，表 5-4 中第（1）~第（3）列的回归结果更接近真实值，即政府引导基金参股使得创业投资基金平均投资轮次整体后移了约 1 轮，投向 B 轮前的次数占全部投资次数的比重平均下降约 6.6 个百分点。此外，无论是控制个体固定效应还是控制省份固定效应，基准模型的回归结果都显示，政府引导基金参股对创业投资基金投资轮次的影响方向是使其投资轮次后移，而非政策目标中预想的前移。

进一步考虑控制变量时的回归结果。为了避免变量之间存在较强的共线性影响回归结果，在加入变量前，先对变量做相关性检验。除基金成立年限变量（prd）和政府引导基金参股变量（gfund）之间的相关系数（0.287）、基金成立年限变量（prd）和参股基金所在省份人均 GDP 变量（pgdp）之间的相关系数（0.47）略高外，各控制变量与关键变量 gfund 之间，以及各控制变量之间的相关系数均较低。

在基准模型中加入控制变量的一个缺陷是，因为本书将同一管理机构管理下非政府引导基金参股的全部基金统一视为个基金池子作为参照组 A 的样本进行考量，所以无法观察到参照组 A 样本控制变量（如基金规模、主投领域、成立年份）的真实值。在构造样本时，用对应的实验组 A 的控制变量来替代参照组 A 的控制变量。此外，fscale 在基金成立之初到投资期结束一直没有发生变化，这种样本构造方法可能造成估计的偏差。表 5-5 和表 5-6 中列出了控制各类变量时的回归结果，但此结果仅能用于检验关键变量 gfund 估计值的稳健性，对于控制变量本身的估计系数，仍需在挖掘更多真实数据的基础上进一步检验。

表 5-5 的第（1）~第（3）列为只控制个体固定效应和年份固定效应时的回归结果，第（4）~第（6）列为加入其他控制变量时的结果①。从控制其他变量与未控制其他变量的结果来看，关键变量 gfund 无论是估计值的大小还是统计水平的显著性都没有明显变化，表明估计结果具有稳健性。从控制变量的估计结果来看，基金成立时长可能会对参股基金的投资阶段产生显

---

① 由于参股基金总规模（fascale）和基金主投行业领域（industry）变量包含在基金个体固定效应中，当控制基金个体固定效应时，无需再控制此二变量。

著影响，而地方经济水平对投资阶段的影响并不显著①。

表5-5　基准模型回归（个体固定效应，控制变量）

变量	（1）	（2）	（3）	（4）	（5）	（6）
	avginv	brto	bcnt	avginv	brto	bcnt
gfund	0.926***	-0.066**	-0.6708	0.924***	-0.066**	-0.597
	(3.70)	(-2.07)	(-1.02)	(3.68)	(-2.06)	(-0.92)
prd				0.150***	-0.014***	0.957***
				(3.57)	(-2.72)	(3.26)
pgdp				-3.23e-06	-1.85e-07	-7.69e-06
				(-0.56)	(-0.26)	(-0.19)
年份固定效应	Yes	Yes	Yes	Yes	Yes	Yes
个体固定效应	Yes	Yes	Yes	Yes	Yes	Yes
N	9063	9059	9063	8882	8878	8882
R^2	0.0903	0.0749	0.1833	0.0914	0.0766	0.1840

表5-6的第（1）～第（3）列为只控制省体固定效应和年份固定效应时的回归结果，第（4）～第（6）列为加入其他控制变量时的结果②。在控制基金行业固定效应、基金规模、基金主投行业领域、基金成立时长、基金注册省份人均GDP等变量后，gfund估计系数与仅控制省份固定效应和年份固定效应时存在一定差异，尤其是在被解释变量为平均投资轮次（avginv）和投B轮前占比（brto）时。其中，未控制其他变量时，gfund对avginv的估计值为0.177，且在5%的水平上显著，而在控制其他变量时，gfund对avginv的估计值为-0.002，且统计上不显著；相反地，未控制其他变量时，gfund对brto的估计值为0.002，且统计上不显著，而在控制其他变量时，gfund对brto的估计值为0.017，且在10%的水平上显著。gfund对投B轮前次数（bcnt）的估计值在控制其他变量时与未控制其他变量时变化不大。

基准模型的回归结果显示，政府引导基金参股对创业投资基金投资早期的影响整体呈现负向效果。也就是说，政府引导基金参股后，创业投资基金投向早期的比重反而降低了。这一结果显然与政策设计的初衷相反。一般而

①　考虑到prd与pgdp之间存在共线性问题，本书考察了单独控制pgdp变量时的计量结果，回归结果显示，pgdp的t值为-0.56，也未能达到10%的统计显著性水平。

②　除少部分基金会明确主投领域为医药、信息、新能源等外，大多数创投基金不会将主投行业领域限于一个，而是在所有新兴产业或更大的行业领域范围内寻找可投资的机会，在构建样本时，本书将所有明确指明投资领域（仅限1个）的创业投资基金按行业领域分类，而其他投资领域不明或主投领域超过1个的基金均按盲投处理。

表5-6 基准模型回归（省份固定效应，控制变量）

变量	(1)	(2)	(3)	(4)	(5)	(6)
	avginv	brto	bcnt	avginv	brto	bcnt
gfund	0.177**	0.002	-8.878***	-0.002	0.017*	-9.006***
	(2.03)	(0.19)	(-33.29)	(-0.03)	(1.80)	(-31.55)
fscale				-1.07e-09	2.30e-11	-1.05e-08***
				(-0.83)	(0.18)	(-4.51)
prd				0.126***	-0.011***	0.239***
				(10.21)	(-8.81)	(3.71)
pgdp				-1.25e-05***	3.76e-07	1.73e-05
				(-3.11)	(0.74)	(0.93)
年份固定效应	Yes	Yes	Yes	Yes	Yes	Yes
省份固定效应	Yes	Yes	Yes	Yes	Yes	Yes
行业固定效应				Yes	Yes	Yes
N	9063	9059	9063	8716	8712	8716
R^2	0.1054	0.0705	0.1341	0.1153	0.0786	0.1258

言，估计系数的方向不符合预期有三种可能：第一种是模型设定错误，第二种是数据样本误差，第三种则是政策确实造成了反向效果——正如理论部分所述的，由于机制设计的问题、信息不对称严重以及施加惩罚的困难，参股基金管理机构存在较强的逆向选择和道德风险。通过数据清洗和加大样本容量等方法，可以认为本书构造的数据样本是比较具有代表性的，不存在系统性误差，排除第二种可能。在接下来的章节中，将通过多种稳健性检验方法排除模型设定错误的可能。在排除前两种可能后，重点分析政府引导基金参股造成创业投资基金风险偏好降低的原因。

（三）稳健性检验

1. 平行趋势检验

由于基准模型采用的是双重差分模型，适用的前提是政府引导基金参股之前，实验组 A 的基金和参照组 A 的基金具有相同的投资风险偏好趋势，为此需要进行平行趋势检验。

第一种检验平行趋势的方法是观察实验组和参照组的因变量在政策干预前后的平均值走势，看其是否存在平行趋势，如果政策干预之前存在平行趋势，那么就是可对比的。从图5-4来看，实验组 A 和参照组 A 在三个被解释

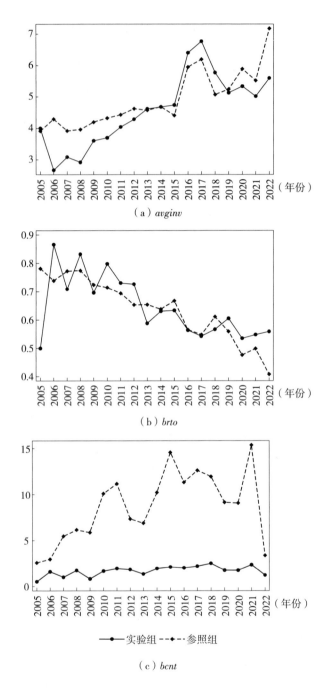

（a）*avginv*

（b）*brto*

（c）*bcnt*

图 5-4　实验组 A 和参照组 A 因变量趋势

变量的趋势上存在平行趋势，尤其是 *avginv* 和 *brto*。从趋势图来看，实验组和参照组的 *avginv* 和 *brto* 有较为明显的相同趋势，*bcnt* 的趋势参照组明显高于实验组，这主要与实验组基金的规模和总投资轮次明显低于参照组有关。

　　更严谨的检验平行趋势的方法是事件分析法（Event Study），即检验事件发生前后实验组和参照组的均值差异是否显著异于 0。用 *policy* 代表事件期，即政府引导基金参股创业投资基金的时间，图 5-5 展示了事件期前后 15 年内样本中投资案例的发生频率。从图 5-5 可见，高频投资主要发生在政策期前后 5 年内，因此事件期窗口选择基金进入前后 5 年内。

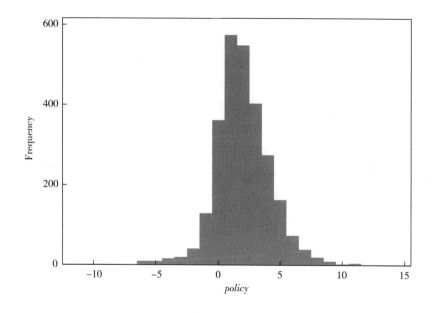

图 5-5　A 组事件期前后投资频率直方图

　　事件分析法的模型如式（5-27）、式（5-28）所示。其中，根据上文分析，本书选取的事件期窗口为 10 年。其中，*k* 表示事件时间节点，*k* = 1、6、11 分别表示引导基金参股前 5 年、当年、后 5 年，以此类推，*event*$_{ijt}$ 刻画的是政府引导基金参股的时间节点，如果基金 *i* 在第 *t* 年处于事件的时间节点 *k* 则赋值为 1，反之为 0。*treat*$_i$ 为基金是否处于参照组的虚拟变量，μ_i 表示基金个体固定效应，λ_j 表示省份固定效应，η_t 表示随时间变化的趋势效应，

ε_{it}、ε_{ijt} 表示随机误差项。

$$risk_{it} = \beta_0 + \sum_{k=1}^{N=11} \beta_j event_{ijt} \times treat_i + \gamma \sum con_{it} + \mu_i + \eta_t + \varepsilon_{it} \tag{5-27}$$

$$risk_{ijt} = \alpha_0 + \sum_{k=1}^{N=11} \alpha_j event_{ijt} \times treat_i + \gamma \sum con_{ijt} + \lambda_j + \eta_t + \varepsilon_{ijt} \tag{5-28}$$

由于式（5-27）和式（5-28）的主要区别在于控制的固定效应不同，所以仅以式（5-27）为例对此模型的设定进行解释。平行趋势假设为：

H0：政府引导基金参股前实验组基金和参照组基金的投资阶段趋势相同。

H1：政府引导基金参股前实验组基金和参照组基金的投资阶段趋势不同。

如果 β_1、β_2、β_3、β_4、β_5 均不显著异于 0，则接受 H0，拒绝 H1，平行趋势检验通过；否则拒绝 H0 假设，平行趋势检验不通过。

根据上述假设，分别对三个因变量 avginv、brto 和 bcnt 进行检验，图 5-6 报告了控制省份和年份固定效应时的平行趋势检验结果（报告的是按式（5-28）进行回归的结果，按式（5-27）回归的结果与之类似）[1]。

根据图 5-6 所示，brto 变量直接通过了平行趋势检验，bcnt 变量在进行去均值处理后通过了平行趋势检验[2]，而 avginv 变量没有通过平行趋势检验。一个可能的原因是，avginv 变量在政策实施前 1 期实验组和参照组的趋势有显著不同，可能是实验组为了吸引政府引导基金合作而故意表现出的提高 B 轮前投资次数，所以筛选效应也是显著的，而在政府引导基金参股后，实验组的行为反而向参照组回归了（二者的行为模式更接近了）。

综合三个变量的实验组和参照组在前后 5 年的政策窗口期的差异回归结果如表 5-7 所示。由于样本构造的原因，参照组 A 的基金规模始终不小于实验组 A，导致参照组 A 的 bcnt 变量始终大于实验组 A，因此不再讨论，重点考察 avginv 和 brto 变量的变化。

---

① 本书对三个因变量分别进行了去均值和不去均值的处理，控制变量和不控制变量的处理，结果都十分相近，因此除特殊说明外，图中报告的均为不去均值、不控制变量的检验结果。

② 用去均值代替原变量进行平行趋势检验是计量中的常见方法，新变量 brto2 = brto - mean（brto），参见 Beck 等（2010）。

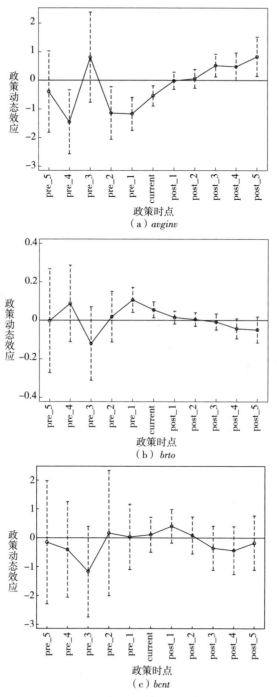

图 5-6　A 组平行趋势检验

表 5-7　事件分析法回归结果

变量	$treat_i$			
	（1）	（2）	（3）	（4）
	avginv	brto	avginv	brto
前 5 期	−0.392	−0.002	−0.260	−0.015
	（−0.541）	（−0.016）	（−0.333）	（−0.108）
前 4 期	−1.453 **	0.088	−1.692 ***	0.120
	（−2.550）	（0.871）	（−3.095）	（1.187）
前 3 期	0.808	−0.120	1.122	−0.161
	（1.006）	（−1.236）	（1.346）	（−1.635）
前 2 期	−1.141 **	0.019	−0.875 *	−0.011
	（−2.440）	（0.288）	（−1.879）	（−0.166）
前 1 期	−1.171 ***	0.106 ***	−1.056 ***	0.093 ***
	（−3.994）	（3.195）	（−3.618）	（2.775）
事件期	−0.540 ***	0.055 ***	−0.507 ***	0.054 **
	（−3.008）	（2.595）	（−2.832）	（2.537）
后 1 期	−0.012	0.015	0.010	0.014
	（−0.080）	（0.912）	（0.066）	（0.823）
后 2 期	0.057	0.005	0.019	0.009
	（0.343）	（0.276）	（0.111）	（0.489）
后 3 期	0.524 ***	−0.008	0.313	0.011
	（2.583）	（−0.373）	（1.551）	（0.527）
后 4 期	0.484 **	−0.043	0.239	−0.022
	（1.968）	（−1.627）	（0.976）	（−0.831）
后 5 期	0.832 **	−0.049	0.494	−0.018
	（2.359）	（−1.414）	（1.406）	（−0.526）
控制变量	No	No	Yes	Yes
年份固定效应	Yes	Yes	Yes	Yes
省份固定效应	Yes	Yes	Yes	Yes
N	9063	9059	8894	8890
R^2	0.112	0.074	0.120	0.081

　　表5-7 的前两列是未加入控制变量的结果，后两列则是加入控制变量后的结果。在固定年份、省份效应后，控制变量和不控制变量的回归结果差别不大，证实了结果的稳健性。对比表5-7 和表5-4 可见，在基准回归中，政策效应的方向整体与预期相反，但在事件期（政府引导基金参股年份）和事

件发生的前 1 期（政府引导基金参股前 1 年），实验组的系数方向却是符合预期的（实验组 A 投向早期的比重显著高于参照组 A）。

以表 5-7 第（1）列和第（2）列的结果来分析，在政府引导基金进入的当年，实验组比参照组平均投资轮次平均早 0.54 轮，投 B 轮前的占比平均高 5.5%，而在政府引导基金进入的前 1 年，实验组比参照组平均投资轮次平均早 1.17 轮，投 B 轮前占比平均高 10.6%。但是，在政府引导基金进入 1 年后，实验组和参照组在投资轮次上的差异就不再显著。从系数上看，政府引导基金进入 1~5 年，*treat* 变量对 *avginv* 的系数逐年上升，对 *brto* 变量的系数却在逐年下降，意味着随着时间推移，实验组的平均投资轮次逐渐后移，投 B 轮前占比逐渐下降。从政府引导基金进入第 2 年开始，*treat* 对 *avginv* 的系数转正了，也就是说，实验组的平均投资轮次值反超了参照组，从政府引导基金进入的第 3 年开始，*treat* 对 *avginv* 的系数显著为正（第 3 年在 1% 的水平上显著，第 4、5 年在 5% 的水平上显著），也就是说，被政府引导基金参股的基金，其投资轮次比同一机构管理下的其他基金显著后移。*brto* 变量的系数说明了同样一个故事：从政府引导基金进入的第 3 年开始，*treat* 对 *brto* 变量的系数转负，意味着被政府引导基金参股的基金，其投资 B 轮前占比反而低于同一机构管理下的其他基金投资 B 轮前的平均占比。

事件分析法的结果证明了基准模型回归结果的稳健性：政府引导基金参股基金之所以在整体投资阶段上比其他创投基金更偏早期，主要是来源于筛选效应，即政府引导基金会选择具有较强投早期倾向的创投基金出资，而在政府引导基金参股后，这些基金投早期的比重反而下降了。

根据假说部分和理论部分的分析可知，造成政策出现反向效果的原因可能有两种：第一种是参股基金 PE/VC 管理机构存在较强的逆向选择与道德风险问题，参股基金管理机构为了吸引政府引导基金出资，在事前有较强的"作秀"动机，在投资阶段上表现出对早期投资更高的倾向，而当政府引导基金真正出资后，管理机构的投资行为就向市场均值回归了；第二种则是来源于政府引导基金自身不合理的合约要求，如要求参股基金履行保值增值承诺，如果出现亏损，那么将对参股基金管理机构追责，这类要求倒逼参股基金管理机构投资中后期风险较低的项目，从而出现政府引导基金参股后，创业投资基金平均投资阶段后移的现象。

2. PSM-DID

本书利用倾向得分匹配—双重差分估计（PSM-DID）对基准模型的回归结果进行稳健性检验。PSM-DID 的核心思想是：通过机构编码变量 fid，将实验组和参照组精准匹配为同一 PE/VC 机构管理下的基金（陈强，2014）。实验组 A 中的样本 i 与同一管理机构下的参照组样本 k 拥有同样的机构编码 fid，即 $fid_i = fid_k$，因此通过控制 $p(fid)$，就可以使得两者的倾向性得分完全相等，即 $p(x_i) = p(x_k)$，又由于机构编码完全独立于因变量投资轮次的取值，因此满足均值独立假设 $(y_0, y_1) \perp D \mid p(x)$。

经过一对一无放回精准匹配后，回归结果如表 5-8 所示。经过匹配后，$gfund$ 差分的估计量对 $avginv$ 和 $brto$ 两个被解释变量，在绝对值上和统计显著性水平上都更高了，但在方向上依然和基准模型回归时一样，即政府引导基金参股后，使得基金的投资轮次后移，投资 B 轮前的占比降低。系数和统计显著性降低的是 $bcnt$ 变量，经过一对一精准匹配后，实验组和参照组在投资 B 轮前次数变量的差别无论在经济上还是统计上都不再显著，这也印证了前文关于 $bcnt$ 的差别主要来自基金规模的猜想。表 5-8 的结果证明了基准模型的回归结果是较为稳健的，系数方向上与政策预期相反，原因并不来自于模型设定错误。

表 5-8　PSM-DID 回归

变量	$avginv$		$brto$		$bcnt$	
	匹配	未匹配	匹配	未匹配	匹配	未匹配
DID	1.145***	0.460***	-0.091***	-0.039***	-0.062	-8.445***
	(7.10)	(6.08)	(-4.79)	(-4.70)	(-0.34)	(-24.01)
共同取值范围样本量	参照组	实验组	参照组	实验组	参照组	实验组
	6579	2484	6578	2481	6579	2484

3. 缩尾检验

通过检验箱体图分布可知，$bcnt$ 变量的显著可能是由于长尾效应引起的，为了排除伪回归的可能，需要对其进行缩尾检验。分别选取样本的 1%、2.5%、5% 和 10% 进行缩尾，缩尾后参照组 A 和实验组 A 的 $bcnt$ 变量分布如图 5-7、图 5-8 所示。在 10% 的缩尾情况下，样本基本集中在箱体中，尾部散点较少，部分解决了拖尾的问题。

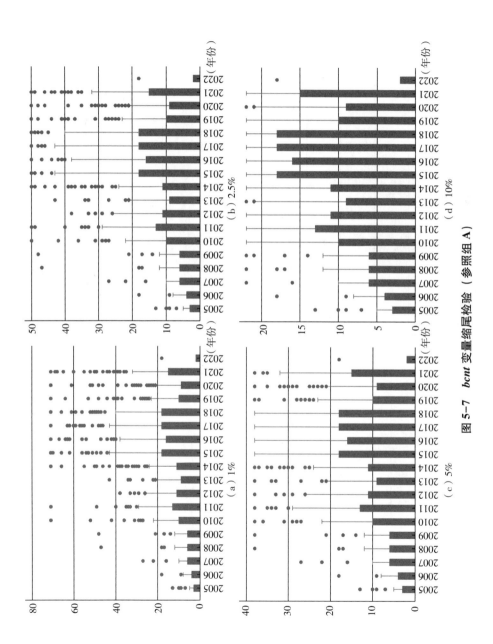

图 5-7　*bcnt* 变量缩尾检验（参照组 A）

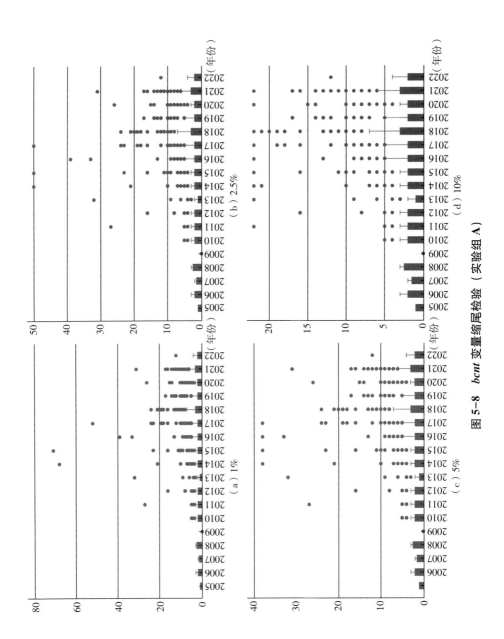

图 5-8 *bcnt* 变量缩尾检验（实验组 A）

对缩尾后的 *bcnt* 变量进行正态分布检验。先用分位数—分位数图（Quantile-Quantile plot）比较正态分布的分位数和残差分位数，如果残差来自正态分布，则分位数图上的散点应集中在 45°线附近①。图 5-9 展示了 *bcnt* 四个缩尾值的分位数图。从图 5-9 可见，缩尾 10%后的 *bcnt* 变量残差散点基本集中在 45°线附近。

由于对分位数图检验的判断较为主观，用更为严谨的 D'Agostino 检验缩尾后的 *bcnt* 变量是否符合正态分布，结果发现，在一些年份中，*bcnt* 变量即使是在 10%的缩尾力度下，仍然不能完全满足正态分布条件，如 2016 年，10%缩尾的 *bcnt* 变量峰度（Kurtosis）检验的 p 值为 0.49，而偏度（Skewness）检验的 p 值为 0.00，联合检验的 p 值同样为 0.00。因此，即使用 10%的缩尾 *bcnt* 变量作为因变量，也仍存在长尾效应的风险，这是本书为何不将 *bcnt* 变量作为主要被解释变量的原因。不过，考虑在大样本情况下，变量能够完全满足正态分布假设的情形较少，从箱体图分布情况来看，以 *bcnt* 变量缩尾值作为因变量的回归结果仍具有参考价值。

从缩尾检验的结果来看（见表 5-9），在以 *bcnt* 缩尾变量作为因变量的回归中，*gfund* 估计系数的绝对值明显小于以原变量作为因变量的回归值，但 t 值却呈现逐步上升的趋势，即经济显著性有所降低，而统计显著性进一步强化：原变量的 *gfund* 估计系数为-8.878，而 1%、2.5%、5%和 10%缩尾变量的 *gfund* 估计系数分别为-8.402、-7.848、-7.172 和-5.570；原变量的 *gfund* 估计 t 值为-33.29，而 1%、2.5%、5%和 10%缩尾变量的 *gfund* 估计 t 值分别为-36.94、-39.38、-41.53 和-44.73。此外，回归方程的拟合优度也随着缩尾力度的加大逐步提升，以原变量、1%、2.5%、5%和 10%缩尾变量为因变量进行回归的 R^2 分别为 0.1341、0.1328、0.1417、0.1496 和 0.1638。

从表 5-9 各列结果的对比可见，*bcnt* 变量的 10%的缩尾较好地兼顾了保留样本真实性和弱化拖尾效应两个目标，估计系数的 t 值和 R^2 均为各列最高。而无论是原变量还是在经过 1%、2.5%、5%和 10%的缩尾处理后，*gfund* 变量对 *bcnt* 变量的估计系数始终在 1%的统计水平上显著，且估计系数

---

① 参见《高级计量经济学及 Stata 应用（第二版）》。

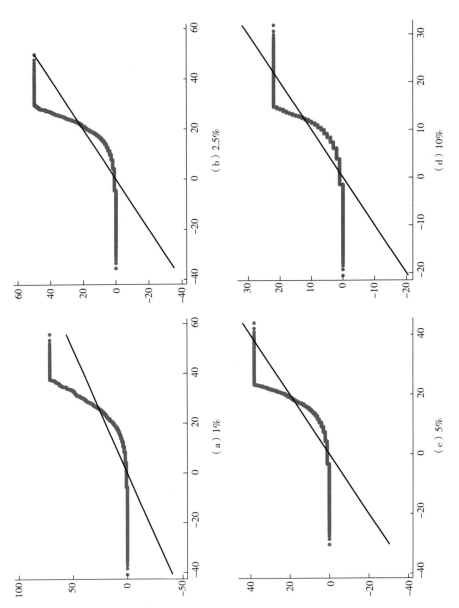

图 5-9 分位数图—分位数图检验

在经济显著性上均较强。以估计系数绝对值最小的 10% 的缩尾变量为例，在其他条件相同的前提下，政府引导基金参股使得创投基金每年投向 B 轮以前（早期）的投资案例平均减少 5.6 起。缩尾检验的结果支持基准回归结果的稳健性。

表 5-9　缩尾检验

变量	bcnt				
	原变量	1%缩尾	2.5%缩尾	5%缩尾	10%缩尾
gfund	−8.878***	−8.402***	−7.848***	−7.172***	−5.570***
	(−33.29)	(−36.94)	(−39.38)	(−41.53)	(−44.73)
年份固定效应	Yes	Yes	Yes	Yes	Yes
省份固定效应	Yes	Yes	Yes	Yes	Yes
N	9063	9063	9063	9063	9063
R^2	0.1341	0.1328	0.1417	0.1496	0.1638

4. 取对数值

在缩尾检验中已经提到，在 D'Agostino 检验缩尾后的 *bcnt* 变量时，即使是在 10% 的缩尾力度下，一些年份的 *bcnt* 变量仍然不能完全满足正态分布条件，而多数变量在取自然对数后会更接近正态分布。为此，本书对 *bcnt* 变量取对数值，并考察将对数变量作为因变量的回归结果。

首先用核密度估计法（Kernal Density Estimation）比较 *bcnt* 原变量、*bcnt* 对数值的核密度曲线。图 5-10（b）表示原 *bcnt* 变量核密度（虚线）与正态密度对比，图 5-10（a）表示取对数值后的 *bcnt* 变量核密度（虚线）与正态密度对比，可以明显看到，在取对数后，*bcnt* 变量在核密度分布上更接近正态密度。

根据图 5-10 的对比结果可知，用 *bcnt* 变量的对数值作为因变量进行回归，结果与原变量回归比较，如表 5-10 所示。根据表 5-10，在控制省份和年份固定效应时，*gfund* 对 *bcnt* 对数变量的估计系数为 −1.110，意味着在同等条件下，政府引导基金参股使创业投资基金投向 B 轮前的次数平均下降了约 110%，该估计在 1% 的水平上显著。在控制行业固定性效应和基金规模、成立时长等控制变量后，*gfund* 对 *bcnt* 对数变量估计系数的经济显著性和统

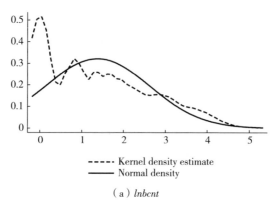

（a）*lnbcnt*

注：kernel=epanechnikov，bandwidth=0.1871。

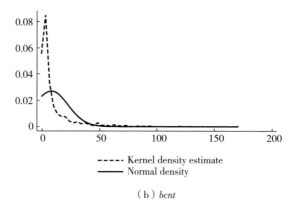

（b）*bcnt*

注：kernel=epanechnikov，bandwidth=0.7549。

图 5-10 核密度与正态密度对比

表 5-10 取对数值回归

变量	*bcnt*			
	原变量	对数值	原变量	对数值
gfund	−8.878***	−1.110***	−9.199***	−1.125***
	（−33.29）	（−42.45）	（−31.96）	（−42.13）
fscale			−1.13e−08***	−5.89e−10*
			（−4.99）	（−1.76）
prd			0.282***	0.020***
			（4.31）	（3.99）
年份固定效应	Yes	Yes	Yes	Yes

续表

变量	bcnt			
	原变量	对数值	原变量	对数值
省份固定效应	Yes	Yes	Yes	Yes
行业固定效应			Yes	Yes
N	9063	7649	9063	7649
R^2	0.1341	0.1964	0.1833	0.2210

计显著性进一步加强，估计系数为-1.125，意味着在同等条件下，政府引导基金参股使创业投资基金投向 B 轮前的次数平均下降了约 112.5%，该估计在 1%的水平上显著。对数回归的结果同样验证了基准回归结果的稳健性。

四、政府引导基金特征的影响

政府引导基金自身的特征会对其参股效果产生影响。本节利用调节效应模型，分析不同特征的影响方向、影响大小。

式（5-29）给出了调节效应模型的设定。与式（5-25）基准模型设定相比，式（5-29）引入了调节变量（$moder_i$）与关键变量 $gfund_{it}$ 做交互项。本章中，调节变量指的是一组政府引导基金的特征变量，包括政府引导基金层级（gfl）、政府引导基金管理方式（$self$）、政府引导基金规模（$gscale$）、政府引导基金出资占比（$grto$）、政府引导基金是否最大出资人（big）、是否有多只政府引导基金参股（$dble$）等（见表5-2）。下文详细介绍了每种调节变量检验的结果及其代表的涵义。

$$risk_{it} = \beta_0 + \beta_1 gfund_{it} \times moder_i + \gamma \sum con_{it} + \mu_i + \eta_t + \varepsilon_{it} \qquad (5-29)$$

（一）政府引导基金层级

一些研究表明，政府引导基金的层级会显著影响其政策效果，政府引导基金层级越高，对企业创新数量和创新质量的提升效果都越好（张果果和郑世林，2021；胡凯和刘昕瑞，2022）。基于此考量，引入政府引导基金层级作为调节变量进行检验。

gfl 是政府引导基金层级虚拟变量，按行政层级共分为四级，其中区县级=1，地市级=2，省级=3，国家级=4。通过表 5-11 第（1）列和第（3）列的回归结果可见，*gfl* 的调节效应并不显著。第一列中，*gfund* 和 *gfl* 交叉项的系数为 0.005，*t* 值为 0.02，在经济上和统计上都很不显著；第（3）列中，交叉项的系数为-0.015，*t* 值为-0.52，也远小于 10% 的显著性水平。该结果表明，政府引导基金的层级整体上并没有显著影响政府引导基金参股的创业投资基金投资轮次，不能证明参股的引导基金层级越高或者越低，创业投资基金的投资轮次就会越早。

表 5-11　调节效应检验—政府引导基金层级（Part Ⅰ）

变量	（1）	（2）	（3）	（4）
	avginv	*avginv*	*brto*	*brto*
gfund	0.912	0.926 ***	-0.021	-0.066 **
	(1.04)	(3.70)	(-0.20)	(-2.07)
gfund×gfl	0.005		-0.015	
	(0.02)		(-0.52)	
年份固定效应	Yes	Yes	Yes	Yes
个体固定效应	Yes	Yes	Yes	Yes
N	9060	9063	9056	9059
R²	0.0903	0.0903	0.0750	0.0749

再看分层级回归的结果（将不同层级政府引导基金样本单独进行回归看其效果）。从表 5-12 来看，第（2）~第（5）列分别展示了国家级、省级（含自治区、直辖市）、地市级（含计划单列市）、区县级（含直辖市下属区）的子样本回归结果。从第（2）列看，国家级政府引导基金参股后，基金投资轮次平均后移 1.047 轮，投资 B 轮前的案例占比平均下降 10.1%，这两个值都在 1% 的水平上显著，且均高于各层级引导基金均值。所有层级的政府引导基金中，区县级政府引导基金对投资轮次后移的效果最明显，第（5）列显示，区县级政府引导基金参股后，基金平均投资轮次后移 1.52 轮，

在 10% 的水平上显著，投资 B 轮前次数占比则下降 8.2% 左右（统计上不显著）。单从系数的方向上来看，只有地市级政府引导基金可能起到了"投早投小"的政策效果，第（4）列显示，地市级政府引导基金参股后，基金平均投资前移 0.194 轮，投资 B 轮前占比则提升了 4.8%，但这两个值都未能达到统计上的显著。表 5-12 的结果表明，国家级政府引导基金整体上并没有很好地达到引导投早期的政策目的，由于国家级政府引导基金并不存在返投要求，因此可以推断，国有资产保值增值目标可能是导致国家级政府引导基金参股基金投早期比重较低的更主要原因。从区县级政府引导基金的表现来看，严格的返投要求可能也会降低政府引导基金投早期的比重。

表 5-12　调节效应检验—政府引导基金层级（Part Ⅱ）

变量	gfund				
	（1）	（2）	（3）	（4）	（5）
	平均	国家级	省级	地市级	区县级
avginv	0.926***	1.047***	1.067*	−0.194	1.520*
	(3.70)	(3.86)	(1.77)	(−0.31)	(1.90)
N	9063	3898	1187	1886	2089
brto	−0.066**	−0.101***	−0.035	0.048	−0.082
	(−2.07)	(−2.61)	(−0.40)	(0.66)	(−0.85)
N	9059	3895	1184	1883	2086

考虑到样本中，深圳市政府引导基金参股基金所占样本量较大，且特征较为明显（相对其他地方显著偏早期)[①]，为了排除深圳市样本对所在层级效果的干扰，尝试把其并入其他层级后考察调节效应的检验结果。表 5-13 的结果显示，深圳市政府引导基金并入省级，其他地市级政府引导基金与区县级合并统计后，省级和区县级政府引导基金的 *gfund* 系数都不再显著。从系

----

① 深圳市创业投资样本占据比重较高，且偏好早期的特征相对其他地区的创业投资机构更为明显，这与其创业投资发展历史和政府对早期创新的重视程度密切相关。截至 2021 年 9 月底，深圳市政府引导基金参股基金投资于初创期和早中期的项目累计达到 1971 个，占总投资项目数的 66.5%，投向初创期、早中期企业的金额累计达到 794.2 亿元，占全部投资额的 37.7%。其中，投资于深圳市内的初创期和早中期项目累计达到 794 个，占所有深圳投资项目 72.3%，投资金额累计达到 282.2 亿元，占所有深圳投资项目的 42.8%。

数大小看，国家级引导基金的轮次后推效应最严重，其次是市区级，后推效果最不明显的变成了省级。

表5-13　调节效应检验—政府引导基金层级（Part Ⅲ）

变量	gfund			
	（1）	（2）	（3）	（4）
	平均	国家级	省级（及深圳）	市区级
avginv	0.926 ***	1.047 ***	0.719	0.856
	(3.70)	(3.86)	(1.08)	(1.61)
N	9063	3898	1304	3858
brto	-0.066 **	-0.101 ***	-0.045	-0.023
	(-2.07)	(-2.61)	(-0.52)	(-0.37)
N	9059	3895	1303	3858

表5-14展示了将计划单列市单独作为一级进行回归的结果。其中，市区级指剔除了计划单列市后的其他地级市和区县级政府引导基金。此时，除计划单列市外，其他层级政府引导基金都显著推动参股基金投资阶段后移，国家级的效果仍最显著，省级在 *avginv* 上略强于国家级，在 *brto* 上效果略弱，市区级则均弱于国家级，依然没有显示出层级的规律性。新的分层下，*gfl* 调节变量依然不显著。由于除青岛、大连在样本中不存在市级政府引导基金投资外，深圳、厦门、宁波三个城市的市级政府引导基金都起到了使参股基金投资轮次前移的效果，虽然统计上不显著；无论把计划单列市并入省级还是区县级，都会显著改变其系数大小和显著性，且都会使合并后的 *gfund* 系数不显著。

表5-14　调节效应检验—政府引导基金层级（Part Ⅳ）

变量	gfund				
	（1）	（2）	（3）	（4）	（5）
	平均	国家级	省级	计划单列市级	市区级
avginv	0.926 ***	1.047 ***	1.067 *	-1.545	0.937 *
	(3.70)	(3.86)	(1.77)	(-0.70)	(1.76)

续表

变量	gfund				
	（1）	（2）	（3）	（4）	（5）
	平均	国家级	省级	计划单列市级	市区级
N	9063	3898	1187	356	3568
brto	−0.066**	−0.101***	−0.035	0.178	−0.038
	（−2.07）	（−2.61）	（−0.40）	（0.80）	（−0.61）
N	9059	3895	1184	356	3568

注：本表"市区级"不含计划单列市。

近年来，受多种因素影响，普通地市级、区县级等行政层级较低的政府引导基金占比有明显提升趋势。一方面，2016～2020 年间先后成立了多只体量较大的国家级政府引导基金，使得国家层面的政府引导基金趋于饱和，新设立基金容易造成与原有基金在定位上的重复和同质化，因此国家层面在新设政府引导基金上采取了更为谨慎的态度。另一方面，受到去杠杆、严控政府隐性债务等宏观政策影响，地方政府通过银行贷款、政府投融资平台等渠道融资的难度显著提升，而专项债的前门开得有限，因此地方有较大的激励撬动社会资本发展本地的新兴产业，以弥补财政资金的缺口，这是市级及以下政府引导基金设立活跃度较高的原因。从 2019 年开始，市级及以下政府引导基金规模所占比重逐年提升，2022 年上半年，省级及以上政府引导基金占新认缴基金规模的比重下降至 25% 左右，而市级、区县级政府引导基金规模占比分别达到 51%、24%，合计占比达到新认缴政府引导基金规模的 3/4。一些研究认为，低层级政府引导基金占比的上升会减弱政府引导基金的政策效果。但是，从本书分层级检验的结果来看，如果单以引导投早作为考核政府引导基金绩效的依据，低行政层级政府引导基金的政策效果并不显著差于高行政层级政府引导基金，一些计划单列市管理的政府引导基金在引导投早的效果上甚至还优于国家级、省级政府引导基金。

（二）政府引导基金自管

政府引导基金与受托管理机构（指政府引导基金本级管理机构，而非参股基金管理机构）之间的委托—代理模式，可能会对政府引导基金的政策效果产生显著影响（孟兆辉等，2014）。self 代表政府引导基金是否自管的虚拟变量，其中自管＝1，非自管＝0。政府引导基金在管理模式上有自管和委托管理两类，自管一般由政府部门下属的事业单位管理，而托管则一般通过公开招标、单一来源采购、比选等方式，选择具备资质的市场机构管理。表5-15 展示了引导基金是否自管对基金投早效果的影响。

表5-15　调节效应检验—政府引导基金自管

变量	(1)	(2)	(3)	(4)
	avginv	avginv	brto	brto
gfund	1.259***	0.926***	−0.112***	−0.066**
	(4.25)	(3.70)	(−3.21)	(−2.07)
gfund×self	−1.228**		0.169**	
	(−2.49)		(2.36)	
年份固定效应	Yes	Yes	Yes	Yes
个体固定效应	Yes	Yes	Yes	Yes
N	9060	9063	9056	9059
R^2	0.0911	0.0903	0.0760	0.0749

从表5-15第（1）列来看，自管基金的调节效应显著，而且有效缓解了政府引导基金出资对投早期的负面效果。gfund 与 self 交互项的系数为−1.228，在5%的水平上显著，也就是说，政府引导基金自管可以使参股基金的投资轮次平均前移1.228轮，基本抵消了政府引导基金参股对投资轮次后移的效果。从第（3）列来看，自管政府引导基金的调节效应为0.169，即自管基金的参股基金比委托市场机构管理的政府引导基金的参股基金投B轮前占比平均高16.9%，这一结果在5%的水平上显著。调节效应模型表明，自管政府引导基金比委托市场机构管理的政府引导基金更好地执行了"投早投小"的政策目标。

（三）政府引导基金规模

gscale 表示政府引导基金自身的管理规模。表5-16考察了政府引导基金规模大小是否会对参股基金的投早策略产生影响。第（1）列结果表明，政府引导基金规模对参股基金平均投资轮次的调节效应显著，但调节效应的方向加剧了参股基金投资轮次的后移，政府引导基金规模每增加 10 亿元，参股基金平均投资轮次后移约 0.4 轮。第（3）列的结果表明，政府引导基金规模每增加 10 亿元，参股基金投资 B 轮前的比重下降约 1.55%，不过该系数在统计上并不显著。

表 5-16 调节效应检验—政府引导基金规模

变量	（1）	（2）	（3）	（4）
	$avginv$	$avginv$	$brto$	$brto$
$gfund$	0.714***	0.926***	−0.054	−0.066**
	(2.85)	(3.70)	(−1.63)	(−2.07)
$gfund×gscale$	4.01e−06**		−1.55e−07	
	(2.21)		(−0.60)	
年份固定效应	Yes	Yes	Yes	Yes
个体固定效应	Yes	Yes	Yes	Yes
N	8462	9063	8458	9059
R^2	0.0882	0.0903	0.0712	0.0749

（四）政府引导基金出资占比

$grto$ 表示政府引导基金出资后占参股基金总规模的比重。一些研究表明，政府引导基金的持股比例会对 PE/VC 机构的投资行为产生影响，如胡凯和刘昕瑞（2022）用 2006～2019 年我国政府产业投资基金投资企业的数据为样本发现，当政府产业投资基金和其他股权投资基金混合进入时，政府投资基金的投资强度（用基金持股比例来衡量）会对企业的专利数、专利权利要求数和专利要求数产生显著影响，政府投资基金持股比例越高，企业的创新成果数量和质量均越高。因此，考虑用政府引导基金持股比例作为调节变量进行分析。

注意到，一些参股基金会进行多轮募资，二三轮募资后，政府引导基金所持股份会被稀释。为了处理这一问题，本书约定，如果参股基金进行了多轮募资，那么则按政府引导基金参股该基金时所占比重计算，不考虑后续股权稀释的问题，如果多轮募资时均有同一只政府引导基金出资，则按其各轮出资总和占各轮募资总额的比重计算。根据表5-17第（1）列，gfund 与 grto 变量的交乘项 t 值为0.47，根据第（3）列，gfund 与 grto 变量的交乘项 t 值为0.08，统计显著性均较低，表明政府引导基金出资占比对参股基金投资早期的调节效应不显著，政府引导基金提高持股比例既不会加剧也不会缓解参股基金投后期的倾向。

表5-17 调节效应检验—政府引导基金出资占比

变量	（1）	（2）	（3）	（4）
	avginv	*avginv*	*brto*	*brto*
gfund	0.707**	0.926***	−0.061	−0.066**
	(2.22)	(3.70)	(−1.44)	(−2.07)
gfund×grto	0.403		0.011	
	(0.47)		(0.08)	
年份固定效应	Yes	Yes	Yes	Yes
个体固定效应	Yes	Yes	Yes	Yes
N	8400	9063	8396	9059
R^2	0.0880	0.0903	0.0718	0.0749

与 grto 较为接近的一个变量是 big 变量，表示政府引导基金在出资时是不是参股基金的最大出资人（含并列最大）。big 也是 0~1 虚拟变量，其中 big=1 表示政府引导基金是最大出资人，否则 big=0。理论上认为，当政府引导基金是参股基金最大出资人的情形下，对参股基金投资决策的影响或干预可能更大。表5-18第（1）列的回归结果中，gfund 与 big 变量的交乘项 t 值为0.69，第（3）列的回归结果中，gfund 与 big 变量的交乘项 t 值为−0.68，均未达到10%的统计显著性，表明政府引导基金是否为最大出资人对参股基金的平均投资轮次、投 B 轮前占比的影响均不显著。这一结果与 grto 作为调节变量时的结果相互印证，表明政府引导基金对参股基金的控制力并不完全体现在股权份额上。

表5-18 调节效应检验—政府引导基金是最大出资人

变量	(1)	(2)	(3)	(4)
	avginv	*avginv*	*brto*	*brto*
gfund	0.692***	0.926***	−0.048	−0.066**
	(2.77)	(3.70)	(−1.38)	(−2.07)
gfund×big	0.531		−0.059	
	(0.69)		(−0.68)	
年份固定效应	Yes	Yes	Yes	Yes
个体固定效应	Yes	Yes	Yes	Yes
N	8462	9063	8458	9059
R^2	0.0891	0.0903	0.0732	0.0749

（五）多只政府引导基金出资

考虑有多只不同层级的政府引导基金出资同一只创业投资基金时，是否会显著改变该基金平均投资轮次。*dble* 变量表示基金是否有两只及以上的政府引导基金出资，同样是 0~1 变量，若有超过 1 只政府引导基金出资，则 *dble*=1，否则 *dble*=0。从表5-19 第（1）列和第（3）列的结果来看，*gfund* 和 *dble* 的交乘项在统计上均未达到 10% 的显著性水平，*dble* 的调节效应不显著，也即是否有多只政府引导基金出资对参股基金投资轮次的影响不显著。

表5-19 调节效应检验—多只政府引导基金出资

变量	(1)	(2)	(3)	(4)
	avginv	*avginv*	*brto*	*brto*
gfund	0.979***	0.926***	−0.087**	−0.066**
	(3.40)	(3.70)	(−2.52)	(−2.07)
gfund×dble	−0.319		0.122	
	(−0.68)		(1.43)	
年份固定效应	Yes	Yes	Yes	Yes
个体固定效应	Yes	Yes	Yes	Yes
N	9060	9063	9056	9059
R^2	0.0903	0.0903	0.0754	0.0749

（六）调节效应效果总结

从本节调节效应模型的分析结果可见，政府引导基金的部分特征会对参股基金平均投资轮次产生调节作用，显著性及作用方向如表5-20所示。总体来看，政府引导基金是否自管的经济和统计显著性都最强，自管政府引导基金参股基金投资早期的比重显著高于市场化机构管理的政府引导基金；政府引导基金的规模在统计上也显著，政府引导基金规模越大，参股基金的平均投资轮次越容易后移；其他如引导基金层级、出资占比、是否最大出资人以及是否有超过一只政府引导基金出资等特征，对参股基金投资轮次的影响都不显著。其中，政府引导基金层级对参股基金投资阶段影响不显著从一定程度上表明，返投机制的影响并不显著（若显著，则会呈现行政层级越高的基金支持早期的效果越好的结果）。

表5-20　调节效应影响总结

变量	变量含义	显著性	方向
gfl	引导基金层级	不显著	—
self	引导基金是否自管	显著	自管会使投资轮次前移
gscale	引导基金规模	显著	规模越大，投资轮次越后移
grto	引导基金出资占比	不显著	—
big	引导基金是否最大出资人	不显著	—
dble	是否为多只引导基金出资	不显著	—

五、本章小结

本章围绕政府引导基金对参股基金风险偏好的影响开展研究，主要有以下几点发现：

第一，政府引导基金参股使得创业投资基金的平均投资轮次后移了0.93轮，使得创业投资基金投向B轮前的比重平均下降了6.6个百分点，估计结果至少在 5% 的统计水平上显著。

第二，政府引导基金参股基金之所以在整体投资阶段上比其他创业投资基金更偏早期，主要来源于筛选效应，也就是说，政府引导基金会选择具有较强投早期倾向的创业投资基金出资。

第三，政府引导基金引导投早的效果与预期相反，在政府引导基金参股后，创业投资基金投早期的比重反而下降了。

第四，对于政府引导基金政策产生反向效果的原因，本章给出了两种解释：一是参股基金 PE/VC 管理机构存在较强的逆向选择与道德风险问题，为了吸引政府引导基金出资，在事前有较强的"作秀"动机，而在政府引导基金出资后，由于缺乏适当的绩效考评和相应的奖惩制度，管理机构的投资行为逐渐向市场均值回归；二是政府引导基金自身不合理的要求倒逼参股基金 PE/VC 管理机构降低投资风险，尤其是保值增值会促使管理机构更多投向风险较低的中后期项目。

第五，政府引导基金的部分特征会影响政策效果，如政府引导基金自管比委托市场化机构管理能更显著提高参股基金投向早期的比重；政府引导基金规模越大，参股基金平均投资轮次越容易向后移；而政府引导基金层级、出资占比、是否为最大出资人以及参股基金是否拥有多只政府引导基金出资等特征，对参股基金风险偏好的影响都不显著。政府引导基金层级对参股基金投资阶段影响不显著，从一定程度上表明返投机制对参股基金风险偏好的影响并不明显。政府引导基金出资占比影响不显著，表明政府引导基金对参股基金的控制力并不完全体现在股权份额上。

第六章　政府引导基金参股对 PE/VC 机构风险偏好的影响

本章针对本书提出的第二个问题——政府引导基金参股是否令参股基金 PE/VC 管理机构的整体风险偏好发生了变化开展研究。本章的研究对象从第五章中的政府引导基金参股基金，拓展到了管理参股基金的 PE/VC 机构管理下的所有创业投资基金的投资行为，政府引导基金对这类基金的影响机制显著不同于第五章的合约机制，需要通过新的理论加以解释。

一、问题与假说

大部分研究政府引导基金的文献关注政府引导基金对参股基金投资行为的影响，只有极少数文献注意到了政府引导基金对参股基金本身的影响和对参股基金管理机构整体投资行为的影响这二者的区别（Aulakh & Thorpe，2011；施国平，2016）。在引言中，本书已经提到，政府引导基金对参股基金投资行为的影响和对参股基金 PE/VC 机构整体投资行为的影响存在本质上的差别，前者是政府引导基金通过参股合约设计约束 PE/VC 机构的行为，后者则是通过改变 PE/VC 机构的内在特征而改变其投资行为。后者的影响更为深远，因为还涉及 PE/VC 机构在与政府引导基金结束合作后的行为变化，以及其管理的未接受政府引导基金出资的创业投资基金的投资方向。在第五章中，本书就政府引导基金对参股基金投资行为的影响进行了分析，本章重点分析政府引导基金对 PE/VC 机构整体风险偏好的影响。

关于与政府引导基金合作的 PE/VC 机构与其他 PE/VC 机构之间是否存在系统性差异，一些统计数据可以提供参考。最直观的一项特征是管理资本量的差异。根据科技部的调查，在 2011~2020 年，仅有三年的时间里，未与政府引导基金合作的 PE/VC 机构平均管理资本规模稍高于与政府引导基金合作的 PE/VC 机构，而在大部分年份中，管理政府引导基金参股基金的 PE/VC 机构，其平均管理规模都显著高于未管理政府引导基金参股基金的 PE/VC 机构（见图 6-1）。

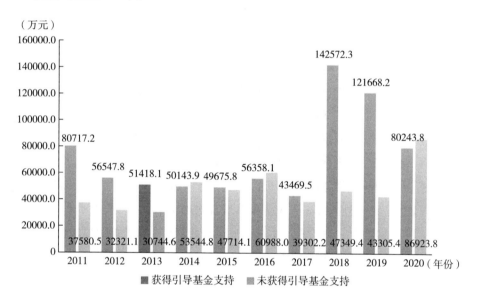

图 6-1　获得和未获得政府引导基金支持的创投机构平均管理资本规模

资料来源：《中国创业投资发展报告》。

未与政府引导基金合作的 PE/VC 机构平均管理规模稍高于与政府引导基金合作的 PE/VC 机构的三个年份分别为 2014 年、2016 年和 2020 年，均有其特殊原因。其中，2014 年和 2016 年因为创业投资市场本身热度较高，吸引了较多社会资本进入创业投资领域，大多数活跃的 PE/VC 机构都能较轻松地募集到资金。而 2020 年则是因为政府引导基金新设立规模急剧下降，且有一部分前期认缴的资金由于对应的社会资本无法到位，为了保证国有资产的安全而没有支付给参股基金。同时，2020 年下半年开始有大量国际资本流入我国创业投资市场，相当一部分管理美元基金的 PE/VC 机构在当年管理资本量显著增长，其他管理人民币基金的机构管理规模也在宽松货币政策支持下大幅增长，推动未获得政府引导基金支持的创投机构平均规模增长一倍以上，超过了有政府引导基金支持的机构①。

总体而言，有政府引导基金支持的机构在资金宽裕度上明显优于没有政府引导基金支持的创投机构，尤其是在市场行情整体低落的情况下，政府引导基金的支持对于缓解 PE/VC 机构的融资约束有明显的正向作用。

事实上，PE/VC 机构能够从与政府引导基金的合作中获取的资源远不止金融资源本身。以政府引导基金为核心节点的产业技术联盟是这类资源共享的充分例证，加入产业联盟的成员，可以更便捷地享受联盟主体各自拥有的政府资源、研发资源、行业资源、市场资源以及资金、人才、技术等创新要素，产业联盟为成员提供了不同的避险工具，并通过联盟成员掌握的异质性信息以及协作关系，有效降低了 PE/VC 机构承担的风险。

综上，提出如下假说（图 6-2）：

H2：政府引导基金参股通过改变 PE/VC 机构的资源禀赋影响其风险偏好。

政府引导基金参股对 PE/VC 机构风险偏好的影响可能通过以下机制实现：

H2.1　资金机制：政府引导基金参股直接增加 PE/VC 机构可用资金量。

H2.2　声誉机制：政府引导基金参股通过政府信誉提高 PE/VC 机构声誉。

H2.3　合作机制：政府引导基金与 PE/VC 机构合作共享资源。

政府引导基金影响 PE/VC 机构投资行为的资金机制最为直接。政府引导基金通过参股创业投资基金，为 PE/VC 机构提供了资金来源，提高了其管理资本的规模，使其有能力去投资更多的早期优质项目。

政府引导基金的声誉机制是指，市场主体认为，政府引导基金在选择 PE/VC 机构进行合作时经过了较为严格的筛选，能与政府引导基金合作的 PE/VC 机构，一般都拥有较强的管理能力或较强的政府关系资源，政府引导基金与其合作，相当于用政府声誉为 PE/VC 机构提供了担保，使得更多市场主体愿意与此类 PE/VC 机构合作。还有一些文献认为，政府机构为了对公共

---

① 比较获得政府引导基金支持和未获得政府引导基金支持的创业投资机构平均管理规模可见，二者存在微弱的此消彼长关系，这可能间接证明了一些文献中提到的，公共资本的进入挤出了一部分私人资本，不过，这不是本书重点讨论的内容，在此不做展开。

资金安全和使用效率负责，会加大对合作机构的事中事后审查监督，因此减小了合作机构发生道德风险的概率，从而提高其他社会资本对此类 PE/VC 机构的信任程度（Bronzini & Piselli，2016）。

政府引导基金的合作机制则是指，政府引导基金本身掌握着比市场化母基金等其他类型的出资人更多的社会资源，如行业资源、研发资源等，为了保障其本身作为出资人的利益，政府引导基金在参股后会为参股基金的 PE/VC 机构介绍更多排他性的资源，如具有商业化前景的科研成果转化项目、与政府有密切合作关系的高技术企业，等等。这些排他性的资源，使得 PE/VC 机构在市场竞争中拥有更大的竞争力。

政府引导基金的三项影响机制，从方向上都能提升参股基金 PE/VC 管理机构所拥有的资源禀赋，但是单从上述分析中并不能直接判断，这种资源禀赋的提升是否会带来风险偏好的改变，也无法判断出改变的方向，需要通过理论和实证分析进一步加以检验。

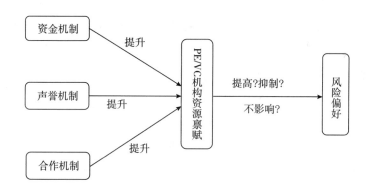

图 6-2　研究问题：政府引导基金对 PE/VC 机构风险偏好的影响

二、网络模型

网络理论最常用于解释与其他主体的合作对 PE/VC 机构投资行为的影响。在图 6-2 中，如果将 "PE/VC 机构资源禀赋" 替换为 "PE/VC 机构所处网络位置"，那么就可以明确地用网络理论来解释假说 2 中蕴含的两层逻辑。

第一层逻辑：政府引导基金参股，通过资金机制、声誉机制和合作机制，改变 PE/VC 机构所处的网络位置。

第二层逻辑：PE/VC 机构所处的网络位置，会影响其投资的风险偏好。

关于第一层逻辑的研究，一般用 DID 方法衡量与政府合作前后，PE/VC 机构网络位置指标的变化，典型的如杨敏利等（2020）。衡量网络位置的指标主要包括点度中心度（Degree）、接近中心度（Closeness）、中介中心度（Betweenness）等（Hochberg 等，2017）。

网络理论对第二层逻辑的研究，主要讨论的是 PE/VC 机构的网络位置对其投资行为的影响，其中代表的有 Ferrary 等（2010）、罗吉等（2016）。文献中讨论了多种衡量 PE/VC 网络位置的测度方法，此外也讨论了 PE/VC 机构自身对资源的获取能力（称为网络能力）与自身所处的网络位置之间的交互关系，并进一步反映在投资行为上（Verwaal，2010；Hopp & Rieder，2011）。一些文献特别讨论了社会网络对于企业风险偏好的影响，认为在拥有更强大的关系网络的前提下，企业整体会表现出更高的风险承担倾向，体现在企业会计收益率和股票收益率的更高变动上（陈德球等，2021；张敏等，2015），尽管这些文献的研究对象是初创企业而非创业投资企业，但是从逻辑来看，其内在思想与本书是一致的。

网络位置包含了网络的中心位置和网络的中介位置两个概念。中心位置常用中心度（Centrality）来衡量，网络理论认为，某一主体（节点）在网络中的连接越多，其所处的网络位置越中心，在网络中所处的位置越重要（Jackson，2008）。点度中心度的衡量公式为 $d_i(g)/(n-1)$，其中 $d_i(g)$ 表示节点 i 在网络中的邻居数量，此处可以理解为 PE/VC 在创业投资网络中有合作关系的主体数量，n 表示网络中所有主体数量，此处可以理解为创业投资网络中所有主体数量。PE/VC 机构的中心度越高，与其他机构的关联度就越高，能够接触到的项目流越多，获得对优质项目的联合投资机会越大。同时，PE/VC 机构的中心位置还能帮助其扩大获取信息的渠道（从网络中与其相邻的节点），更好地筛选出优质项目，解决投资初创企业时面临的一部分信息不对称问题，降低投资风险（Altintig et al.，2012）。中介位置是指，网络节点 j 和 k 之间没有直接连接，需要通过分别与其有直接连接的节点 i 来进行信息资源的互动，此时节点 i 所占据的就是节点 j 和 k 之间的中介位置。中介位置常用结构洞（Structural Hole）来衡量，Burt（2009）认为，结构洞的大小可以用有效规模（Effective Size，指网络规模减去网络冗余度）、效率（Efficiency，指网络的有效规模与实际规模的比值）、限制度（Constraint，指节点在多大程度上拥有运用结构洞的能力）、等级度（Hierarchy，指限制性在多大程度上围绕一个节点展开）来衡量。简而言之，中介位置衡量了节点 i 占据有效（非冗余）信息资源的机会。网络能力则是网络位置对 PE/VC 机构投资行为影响的调节变量，在拥有一定的网络位置的前提下，PE/VC 机构自身的特质，如其学习能力、信息筛选能力、与其他机构之间的异质性等，都会影响其所处的网络位置对其投资行为的作用程度。

图 6-3 是政府引导基金影响 PE/VC 机构网络位置的示意。其中，圆圈代表 PE/VC 机构，三角代表创业企业，圆圈半径越大，代表 PE/VC 机构管理的资本规模越大，三角形面积越大，代表创业企业的潜力越大，直线代表 PE/VC 机构对创业企业的投资。PE/VC 机构拥有的节点越多，代表其所处网络位置越中心，PE/VC 机构还会通过与其他机构的联合投资加强所处的网络位置。在创业投资市场还存在着许多像机构 C 这类与其他 PE/VC 机构不存在或极少存在交互的边缘机构，它们所处的网络位置也较为边缘，也即网络理论中所称的网络边陲者（Galaskiewicz & Zaheer，1999）。

在图 6-3 中，A 和 B 机构管理的资本量足够大，可以投独角兽企业 D，因为 D 的单笔融资额较大，但是小机构 C 由于管理资本量小，只能投资质相对较差的企业 E；另外像企业 F 可能涉及一些敏感领域，只愿意接受有政府背景基金的出资，虽然 B 机构有足够的资本投向 F，但是 F 会将 B 排除在外；企业 G 尽管规模较小，所需要的融资额也较小，但仍然不接受 C 机构的出资，是因为 C 机构与 G 企业之间缺乏合作纽带，难以对 G 机构进行尽职调查，缺少投资的有效途径。这三种机制分别代表了政府引导基金通过资金机制、声誉机制和合作机制，提升与政府引导基金合作的 PE/VC 机构所处网络位置的方式。

理论模型表明，政府引导基金参股可以改变参股基金 PE/VC 管理机构所处的网络位置，从而影响其风险偏好和投资行为。不过，单纯从理论模型中不能推导出政府引导基金对 PE/VC 机构风险偏好的作用方向和作用大小。从

第三节开始，本章将通过构建计量模型和数据样本，实证检验政府引导基金参股前后 PE/VC 机构风险偏好的变化。

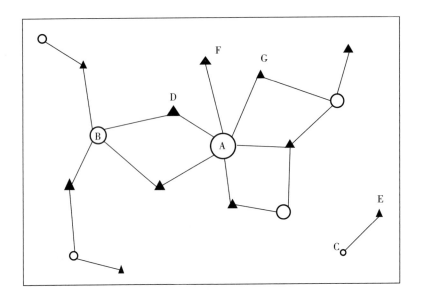

图 6-3 PE/VC 机构所处网络位置示意

三、实证分析

（一）模型设定和数据样本

与第五章类似，本章利用双重差分模型（DID）考察 PE/VC 机构与政府引导基金合作对其整体风险偏好的影响。计量模型如式（6-1）和式（6-2）所示。

$$risk_{it} = \beta_0 + \beta_1 gfund_{it} + \gamma \sum con_{it} + \mu_i + \eta_t + \varepsilon_{it} \qquad (6-1)$$

$$risk_{ijt} = \alpha_0 + \alpha_1 gfund_{ijt} + \gamma \sum con_{ijt} + \lambda_j + \eta_t + \varepsilon_{ijt} \qquad (6\text{-}2)①$$

在（6-1）式中，关键解释变量 $gfund_{it}$ 表示 PE/VC 机构与政府引导基金的合作行为（在本章中特指 PE/VC 机构是否管理政府引导基金参股基金），为 0~1 哑变量形式。实验组 B 的机构（管理政府引导基金参股基金的 PE/VC 机构）在首次与政府引导基金合作及以后的年份，$gfund_{it}$ 变量的取值为 1；实验组 B 的机构在首次与政府引导基金合作前的年份，$gfund_{it}$ 变量的取值为 0；参照组 B 的机构（从未管理政府引导基金参股基金的 PE/VC 机构）在任何年份中，$gfund_{it}$ 变量的取值都为 0。

被解释变量 $risk_{it}$ 表示 PE/VC 机构 i 在 t 年的风险偏好，其三个代理变量平均投资轮次（$avginv$），投 B 轮前占比（$brto$），投 B 轮前次数（$bcnt$）的计算方式与第五章类似，只是统计口径从单只基金扩展为 PE/VC 机构管理下所有基金的投资行为。

con_{it} 表示一组控制变量，包括 PE/VC 机构自身的特征、PE/VC 机构总部所在地的特征等，μ_i 表示 PE/VC 机构个体固定效应，η_t 表示随时间变化的趋势效应，ε_{it} 表示随机误差项，$\varepsilon_{it} \sim N(0, \sigma^2)$。

式（6-2）与式（6-1）最大的区别在于替换了控制的固定效应，去掉了个体固定效应，替换为省份固定效应（λ_j），仍保留年份固定效应（η_t），con_{ijt} 表示一组控制变量，ε_{ijt} 表示随机误差项，$\varepsilon_{ijt} \sim N(0, \sigma^2)$。

除关键解释变量 $gfund$ 和被解释变量 $avginv$、$brto$、$bcnt$ 外，本章所使用的所有变量含义如表 6-1 所示。其中，$treat$ 变量表示该样本是否属于实验组，若 $treat = 1$，则为管理政府引导基金参股创投基金的 PE/VC 机构，属于实验组 B；若 $treat = 0$，则为未管理政府引导基金参股创投基金的 PE/VC 机构，属于参照组 B。此外，表 6-1 中还列出了本章将使用的控制变量。

---

① 对下标 i 的解释参见第五章模型（5-26）的脚注；本章基准式（6-1）和式（6-2）与第五章基准式（5-25）和式（5-26）的形式类似，都是用双重差分固定效应模型检验政府引导基金参股对风险偏好的影响，控制的固定效应也分别是个体固定效应、年份固定效应以及省份固定效应、年份固定效应，因此在模型形式上相近，但模型含义与第五章完全不同，第五章的 $gfund$ 代表政府引导基金参股某只基金的哑变量，而本章中 $gfund$ 代表的则是政府引导基金与 PE/VC 机构合作的哑变量，被解释变量 $risk$ 的内涵也有差异，第五章中代表单只基金的风险偏好，本章中则代表整个 PE/VC 机构的风险偏好。

表 6-1 实验组 B 和参照组 B 变量定义及构造

变量名		变量定义	变量分类
gfund	当年是否管理政府引导基金参股基金	实验组 B 在政府引导基金出资及出资后的年份（*gfund*=1），实验组 B 在政府引导基金出资前的年份（*gfund*=0）	关键解释变量
treat	是否实验组	管理政府引导基金出资创投基金的 PE/VC 机构（*treat*=1），未管理政府引导基金出资创投基金的 PE/VC 机构（*treat*=0）	
id	机构编号	实验组和参照组的机构各自对应不同的 *id*，用于面板数据处理	个体固定效应
year	年份	1994~2022 年的投资年份	年份固定效应
avginv	平均投资轮次	平均投资轮次=总投资轮次值/总投资次数	被解释变量
bcnt	投 B 轮前次数	投 B 轮前（含种子轮、天使轮、Pre-A 轮、A 轮、A+轮）的次数	被解释变量
brto	投 B 轮前占比	投 B 轮前占比=投 B 轮前次数（*bcnt*）/总投资次数	被解释变量
inv	总投资次数	该机构自成立以来共发生过的股权投资次数	控制变量
capital	机构规模	该机构管理的资本量（万元）	控制变量
yfund	机构成立年份	该机构成立年份	控制变量
prd	机构成立时长	机构成立时长=年份（*year*）-机构成立年份（*yfund*）	控制变量
prov	机构注册省	机构注册地所在的省份	省份固定效应
city	机构注册市	机构注册地所在的市	控制变量
region	机构注册区域	按东部、中部、西部、东部三大区域划分	控制变量
foreign	资本类型	该机构是否属于外资，外资或合资=1，本土=0	控制变量
inst	机构类型	按机构的主投对象划分为 6 种，分别为早期投资机构、PE、VC、战略投资者、FoFs（母基金）以及其他	控制变量

　　本章使用的管理政府引导基金参股基金的 PE/VC 机构数据来自《国家新兴产业创业投资引导基金发展报告》、国家中小企业发展基金网站公开数据、其他地区政府引导基金网站数据、清科私募通披露的数据等，PE/VC 投资行为数据来自清科私募通数据库。数据类型为面板数据，时间长度为 1994~2022 年。实验组 B 和参照组 B 的最早投资记录发生在 1994 年，截至本章数据最后更新时间 2022 年 7 月。

　　本章的样本构造方法如下：

第一步：根据实验组 A（政府引导基金参股基金）名单查找相应的管理机构名单，即为实验组 B。如有同一 PE/VC 机构同时管理多只政府引导基金参股基金现象，记录其首次与政府引导基金合作时间。

第二步：找出参照组 B，即未管理政府引导基金参股基金的 PE/VC 机构。筛选出市场上除实验组外的其他 PE/VC 机构，参照组数量设定为实验组的 2~3 倍，管理的总资产规模与实验组大致相近，便于做 PSM 匹配稳健性检验。

第三步：找出实验组和参照组分别管理的基金名单。找出相应的基金名称、成立时间、规模、主投领域等信息。

第四步：找出实验组和参照组的控制变量信息。找出机构管理资金规模、管理基金数量、成立年限、投资数、退出数、机构总部所在地、是否有国资背景、主要投资人特征（从业年限、是否有海外背景、是否有大机构背景）、主投行业领域。根据机构总部所在地查找该地区该年份的人均 GDP、知识产权保护水平等地区控制变量。

第五步：找出实验组和参照组的历年投资信息。按年份筛选机构历年的投资数量、投资轮次、被投企业投资阶段，并计算每一年相应的平均投资轮次、早期轮次占比。

第六步：将历年投资信息与实验组和参照组的面板数据相匹配，形成计量样本。

样本主要变量描述性统计如表 6-2 所示。从表 6-2 可见，大多数主要变量都有 12000 条以上的样本，样本量较为充足。

表 6-2　B 组变量描述性统计

变量	样本量	均值	标准差	最小值	最大值
id	12801	1032.6	854.3	2	2425
year	12798	2015	4.440	1994	2022
allcnt	12797	10.51	18.88	1	612
bcnt	12796	6.020	11.41	0	296
treat	12801	0.340	0.470	0	1
gfund	12801	0.200	0.400	0	1
avginv	12785	5.520	3.450	0	60.50

续表

变量	样本量	均值	标准差	最小值	最大值
brto	12797	0.570	0.360	0	5.750
capital	11293	42161.52	285074.2	1	12108014
inv	12801	135.11	206.26	11	1934
yfund	12801	2007	12.25	1869	2021
prd	12798	8.702	11.99	−14	152
inst	12801	2.990	1.030	1	6
foreign	12527	0.200	0.400	0	1
prov	12801	16.74	11.87	1	41
city	12801	24.33	15.91	1	60
region	12801	2.280	0.660	1	5

（二）回归结果

表6-3展示了基准模型的回归结果。第（1）~第（3）列为控制年份固定效应和个体固定效应的回归结果（根据式（6-1）回归），第（4）~第（6）列为控制省份固定效应和个体固定效应的回归结果（根据式（6-2）回归）。从表6-3可见，不同于第五章中对参股基金投资行为的检验，在考量PE/VC机构整体风险偏好时，控制省份和年份固定效应的回归结果比控制年份和个体固定效应时在统计上显著性更强，在下文的检验中主要采用控制省份和年份固定效应的模型。

表6-3　基准模型回归（不控制变量）

变量	(1)	(2)	(3)	(4)	(5)	(6)
	avginv	*brto*	*bcnt*	*avginv*	*brto*	*bcnt*
gfund	−0.046	−0.001	4.920 ***	−0.342 ***	0.015 **	4.821 ***
	(−0.39)	(−0.04)	(7.48)	(−4.54)	(2.03)	(13.55)
年份固定效应	Yes	Yes	Yes	Yes	Yes	Yes
省份固定效应				Yes	Yes	Yes
个体固定效应	Yes	Yes	Yes			
N	12785	12797	12796	12785	12797	12796
R^2	0.0848	0.0714	0.1200	0.0704	0.0848	0.0768

注：括号中报告的是 *t* 值，***、**、*分别表示在1%、5%、10%的水平上显著；表中报告的 R^2 为组内 R^2；下同。

从第（4）~ 第（6）列的回归结果看，在首次管理政府引导基金参股基金后，PE/VC 机构的平均投资轮次前移了 0.34 轮，该估计系数在 1% 的统计水平上显著；投资 B 轮前次数占全部投资次数的比重平均提高了 1.5 个百分点，该估计系数在 5% 的统计水平上显著；投资 B 轮前的次数平均增加了 4.82 次，该估计系数在 1% 的统计水平上显著。从表 6-3 的估计结果来看，管理政府引导基金参股基金后，显著提升了 PE/VC 机构整体投资早期的比重。

考虑在基准模型中加入控制变量进行检验。在本章构建的数据样本中，B 组有三个控制变量是较为精确刻画 PE/VC 机构特征的，分别是资本类型（foreign）、机构类型（inst）和机构成立时长（prd）；另外，还有两个控制变量的精确度存在一定问题，分别是管理资本规模（capital）和总投资案例数（inv）。主要问题在于，管理资本规模和总投资案例数本应是随时间变化的量，但受限于原始数据的可得性，样本中只能观察到某一时点各 PE/VC 机构管理的资本量和总投资次数，以往年份的变量值不可追溯。本书中采用的是 2022 年 5 月的观测值，相当于用 2022 年的值替代了以往所有年份的管理资本规模和总投资案例数，因此在数据的准确度上不如其他控制变量。考虑到变量精度的问题，本书的回归中区分了包含非准确变量的回归结果和仅包含准确变量的回归结果，并对关键变量的估计系数进行比较。

先看只控制 3 个准确变量的回归结果（见表 6-4 前 3 列），在控制了机构类型、外资类型和机构成立时间等变量后，gfund 的估计系数无论在经济上还是统计上都比基准模型回归时（见表 6-3）更显著了。根据表 6-4 前 3 列的回归结果，管理政府引导基金参股基金后，管理机构的平均投资轮次前移了约 0.4 轮，投资 B 轮前的次数占比平均提高了 2.5 个百分点，投资 B 轮前的次数平均增加了 5 次，估计系数均在 1% 的水平上显著。表 6-4 的估计结果表明，政府引导基金提升参股基金 PE/VC 机构整体投资风险偏好的结论具有稳健性。

表 6-4　基准模型回归（控制变量）

变量	(1)	(2)	(3)	(4)	(5)	(6)
	avginv	brto	bcnt	avginv	brto	bcnt
gfund	−0.401 ***	0.025 ***	4.994 ***	−0.117	0.00005	2.075 ***
	(−5.59)	(3.38)	(14.36)	(−1.56)	(0.01)	(7.80)

续表

变量	(1)	(2)	(3)	(4)	(5)	(6)
	avginv	brto	bcnt	avginv	brto	bcnt
inst	−0.813 ***	0.085 ***	1.872 ***	−0.939 ***	0.096 ***	1.490 ***
	(−27.87)	(29.39)	(16.12)	(−31.11)	(31.00)	(13.34)
foreign	−0.076	−0.075 ***	5.955 ***	0.207 **	−0.094 ***	−1.521 ***
	(−0.83)	(−6.21)	(9.16)	(2.19)	(−7.17)	(−3.01)
prd	0.030 ***	−0.002 ***	0.039 ***	0.023 ***	−0.002 ***	−0.018 **
	(10.04)	(−7.36)	(4.38)	(7.88)	(−5.69)	(−2.04)
capital				1.34e−06 ***	−6.82e−08 ***	−1.86−06 ***
				(4.68)	(−2.80)	(−5.39)
inv				−0.0008 ***	0.00005 ***	0.034 ***
				(−7.68)	(4.52)	(22.64)
年份固定效应	Yes	Yes	Yes	Yes	Yes	Yes
省份固定效应	Yes	Yes	Yes	Yes	Yes	Yes
N	12511	12523	12523	11071	11083	11083
R^2	0.1423	0.1542	0.1207	0.1685	0.1646	0.4325

关于控制变量对 PE/VC 机构风险偏好的影响，一些研究表明，国外创业投资机构对企业的监管比国内创业投资机构更强，道德风险更小，外资机构和企业之间的业务联系较少，徇私的嫌疑较小，因此拥有国外机构投资背景的企业，其平均估值高于市场上同类型企业（Bruton et al.，2010；Aggarwal et al.，2013）。外资机构和内资机构支持的企业 IPO 抑价率也存在较大差异（张学勇和廖理，2011）。基于此，本书考察了资本类型对投资行为的影响。在表 6-4 的前 3 列中，foreign 变量对 avginv 的影响不显著，而对 brto 和 bcnt 变量的影响均在 1% 的水平上显著。考虑到 foreign 为 0~1 哑变量，若为外资或合资机构，则 foreign = 1，若为本土机构，则 foreign = 0，回归结果的释义为，在其他条件不变的情况下，外资或合资机构投向 B 轮前的次数占比平均比本土机构低 7.5 个百分点，但投向 B 轮前的总次数平均比本土机构高 5.96次，估计系数均在 1% 的水平上显著。由于前 3 列中未控制管理资本总量，这一结果可能是由于在中国投资的外资机构多为规模较大的行业领军机构，平均总投资次数显著高于本土机构造成的。单从表 6-4 得出外资机构比本土投

资机构更偏好中后期项目的结论并不可靠，因为外资机构可能比本土机构面临更高的早期项目进入门槛，在本章第四节中，还将重点考察政府引导基金参股对不同资本类型的机构风险偏好产生的影响差异。

PE/VC 机构对自身的定位也会显著影响其投资阶段的分布。在表 6-4 中，机构类型变量（inst）无论在何种情形下都在 1% 的水平上显著。由于本书并未对 inst 变量按主投阶段次序进行赋值，所以此处不能从其系数大小判断哪类机构更偏好投早期。但是，表 6-4 的结果表明，政府引导基金在筛选 PE/VC 机构进行合作时，应将其对自身的投资定位作为重要的考虑依据，如果定位为早期投资机构或创业投资机构的，自身投早期的倾向可能更强，而定位为私募股权投资机构的，自身投中后期的倾向可能更强。

机构成立时长（prd）在一定程度上反映了 PE/VC 机构的投资经验，而经验又会影响 PE/VC 机构筛选项目的能力（Tian & Wang，2011）。本书考察了机构成立时长对 PE/VC 机构投资阶段分布的影响。根据表 6-4 可知，除第（6）列在 5% 的水平上显著外，prd 变量对三个解释变量的系数在其他情形下都在 1% 的水平上显著。其他条件不变的情形下，机构成立时长每多一年，平均投资轮次后移 0.03 轮，投资 B 轮的次数比重减少 0.2 个百分点，投资 B 轮的次数增加 0.04 次。总的来看，在影响方向上，机构成立时间越长，投向早期的比重反而越低。不过，由于系数较小，机构成立时长对投早期的比重在经济意义上并不显著。

将不精确的 capital 和 inv 变量加入回归模型后，回归结果发生了一些改变（见表 6-4 后 3 列），gfund 的显著性明显降低了，对 avginv 和 brto 两个主要被解释变量的估计系数在统计上都不显著，对 bcnt 虽然仍然显著，但系数绝对值明显下降。从自变量相关性矩阵来看，gfund、capital 和 inv 变量的相关性并不高。因此，产生这一现象的原因并非多重共线性，更可能的原因还是用 2022 年的管理资本量和总投资数去近似所有历史年份的做法，会使组内变动的估计量发生较大偏差，影响估计结果。要考察管理资本规模和历史投资数对回归结果的影响，还需要搜集更多历史年份的变量数据。

（三）稳健性检验

1. 平行趋势检验

从图 6-4 可见，实验组 B 和参照组 B 的三个被解释变量 avginv、brto 和

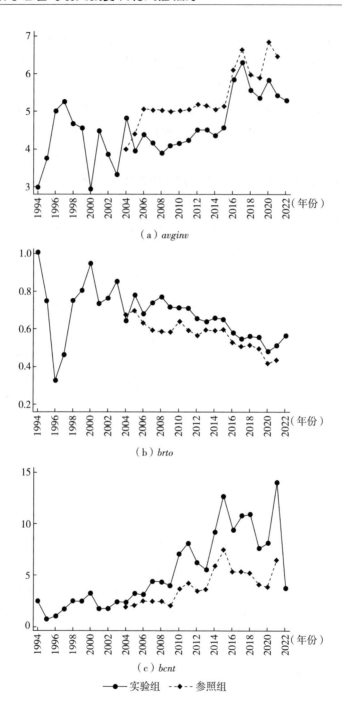

（a）*avginv*

（b）*brto*

（c）*bcnt*

——●—— 实验组　- -◆- - 参照组

图6-4　实验组 B 和参照组 B 因变量趋势

bcnt 存在明显的平行趋势。在均值上，实验组的 avginv 值明显低于参照组，实验组的 brto 值和 bcnt 值明显高于参照组，也就是说，与政府引导基金合作的 PE/VC 机构在趋势上表现出比其他 PE/VC 机构更强的投资早期的偏好。

用 *policy* 代表事件期，即 PE/VC 机构首次与政府引导基金合作的时间。图 6-5 展示了事件期前后 20 年内样本中投资案例的发生频率。从图 6-5 可见，高频投资主要发生在政策期前后 10 年内，因此事件期窗口选择 PE/VC 机构首次与政府引导基金合作的前后 10 年。

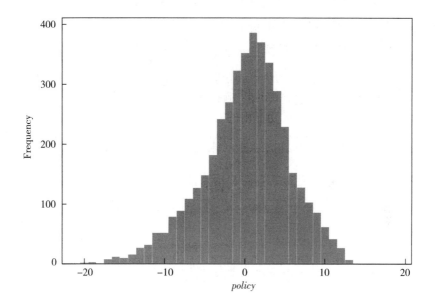

图 6-5　B 组事件期前后投资频率直方图

事件分析法的模型如式（6-3）、式（6-4）所示。其中，k 表示事件时间节点，$k = 1$，6，11 分别表示事件期前 5 年、当年、后 5 年，以此类推，$event_{ikt}$ 刻画的是 PE/VC 机构首次与政府引导基金合作的时间节点，如果基金 i 在第 t 年处于事件的时间节点 k 则赋值为 1，反之为 0。$treat_i$ 为基金是否处于参照组的虚拟变量，μ_i 表示基金个体固定效应，λ_j 表示省份固定效应，η_t 表示随时间变化的趋势效应，ε_{it}、ε_{ijt} 表示随机误差项。

$$risk_{it} = \beta_0 + \sum_{k=1}^{N=21} \beta_j event_{ikt} \times treat_i + \gamma \sum con_{it} + \mu_i + \eta_t + \varepsilon_{it} \qquad (6\text{-}3)$$

$$risk_{ijt} = \alpha_0 + \sum_{k=1}^{N=21} \alpha_j event_{ikt} \times treat_i + \gamma \sum con_{ijt} + \lambda_j + \eta_t + \varepsilon_{ijt} \qquad (6-4)$$

由于式（6-3）和式（6-4）的主要区别在于控制的固定效应不同，所以仅以式（6-3）为例对此模型的设定进行解释。提出以下平行趋势假设：

H0：政府引导基金参股前实验组 PE/VC 机构和参照组 PE/VC 机构的投资阶段趋势相同。

H1：政府引导基金参股前实验组 PE/VC 机构和参照组 PE/VC 机构的投资阶段趋势不同。

如果 β_1、β_2、β_3、β_4、β_5 均不显著异于 0，则接受 H0，拒绝 H1，平行趋势检验通过；否则拒绝 H0 假设，平行趋势检验不通过。

图 6-6 给出了用式（6-4）做事件分析法平行趋势检验的结果。在检验时，控制了省份固定效应、年份固定效应，控制了 foreign、inst、prd、capital 和 inv 变量[①]，采用去均值法检验。

由图 6-6 可见，avginv 和 brto 变量都通过了平行趋势检验，但 bcnt 变量未能通过平行趋势检验[②]。可能的原因是，bcnt 变量在政策实施前 3 期实验组和参照组的趋势就已经有显著不同，这可能是实验组为了吸引政府引导基金合作而故意表现出的提高 B 轮前投资次数，因此政府引导基金对 PE/VC 机构的筛选效应也是显著的。不过，由于在本书中 bcnt 只作为辅助的被解释变量，avginv 和 brto 变量才是最主要的被解释变量，因此 bcnt 变量未通过事件分析法平行趋势检验并不影响本书主要结论的可信度。

2. 安慰剂检验

安慰剂检验的思想是，政策实施其实并未真正影响政策对象，仅起到安慰剂（Placebo）的作用，观察到的样本变化是由其他原因（如时间的推移，同时期其他政策的实施等）引起的。安慰剂检验的方法较多，较为常用的是用虚拟的政策实施时点来替代真正的政策实施时点，看政策变量是否仍然显著。

---

① 不控制 capital 和 inv 也能通过检验，但效果稍弱于都控制时。

② 本书尝试了用缩尾后的均值、改变控制变量，改变固定效应等多种办法，bcnt 变量始终不能通过事件分析法平行趋势检验。图 6-6（c）给出的是控制个体固定效应和年份固定效应，控制 5 个控制变量外加一个省变量，不再单独控制省份固定效应，用去均值后的 bcnt 变量平行趋势检验结果。

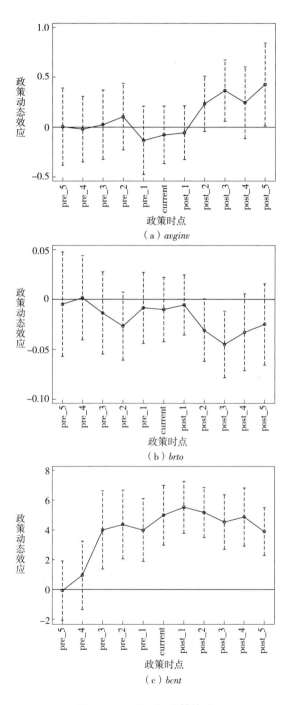

图 6-6　B 组平行趋势检验

首先，观察到 2016 年是政府引导基金政策较为关键的实施节点，考虑其可能对所有创投基金的投资行为都产生了影响，因此将其设为一个虚拟的政策实施时点，替代 *gfund* 变量进入回归（实验组 *placebo* 变量＝1，参照组 *placebo* 变量＝0）。此时，以 *avginv* 和 *brto* 变量为因变量的回归中，安慰剂均不显著。以同样的思路，本书考察了将 2010～2019 年作为虚拟政策节点时的回归结果，发现虚拟政策变量绝大多数情况下不显著，即使显著也多在临界值附近，较原 *gfund* 变量的显著性明显下降（见表6-5）。安慰剂检验的结果表明，基准模型的回归结果是可信的。

表6-5　安慰剂检验

变量	placebo				
	2010 年	2011 年	2012 年	2013 年	2014 年
avginv	−0.656 ***	−0.523 **	−0.454 ***	−0.498 **	−0.562 ***
	(−2.76)	(−2.46)	(−2.06)	(−2.23)	(−2.70)
brto	0.026	0.062 ***	0.469	−0.004	0.032
	(0.81)	(2.29)	(1.63)	(0.14)	(1.34)

变量	placebo				
	2015 年	2016 年	2017 年	2018 年	2019 年
avginv	−0.596 ***	−0.236	−0.318	−0.333	−0.514 ***
	(3.75)	(−1.05)	(−1.32)	(−1.69)	(−2.79)
brto	0.031	0.032	0.020	0.021	0.037 *
	(1.62)	(1.62)	(1.03)	(1.16)	(1.85)

3. 缩尾检验

为了排除 *bcnt* 变量的长尾效应引起的伪回归问题，需要对其进行缩尾检验。根据缩尾后样本分布箱体图情况，将 *bcnt* 变量的 1%、2.5%、5% 和 10% 缩尾值作为因变量进行回归（见表6-6）。

表6-6　B 组缩尾检验

变量	bcnt				
	原变量	1%缩尾	2.5%缩尾	5%缩尾	10%缩尾
gfund	4.994 ***	4.507 ***	3.884 ***	3.166 ***	2.199 ***
	(14.36)	(16.62)	(17.47)	(17.91)	(17.69)

续表

变量	bcnt				
	原变量	1%缩尾	2.5%缩尾	5%缩尾	10%缩尾
inst	1.872***	1.698***	1.509***	1.275***	0.929***
	(16.12)	(19.33)	(20.61)	(21.51)	(21.76)
foreign	5.955***	4.944***	4.153***	3.306***	2.154***
	(9.16)	(11.05)	(11.71)	(12.04)	(11.60)
prd	0.039***	0.028***	0.020***	0.013***	0.007*
	(4.38)	(4.13)	(3.63)	(2.83)	(1.76)
年份固定效应	Yes	Yes	Yes	Yes	Yes
省份固定效应	Yes	Yes	Yes	Yes	Yes
N	12523	12523	12523	12523	12523
R^2	0.1207	0.1512	0.1575	0.1586	0.1493

从缩尾检验的结果来看，在以 bcnt 缩尾变量作为因变量的回归中，gfund 估计系数的绝对值小于以原变量作为因变量的回归值，但 t 值却增加了：原变量的 gfund 估计系数为 4.994，而 1%、2.5%、5% 和 10% 缩尾变量的 gfund 估计系数分别为 4.507、3.884、3.166 和 2.199；原变量的 gfund 估计 t 值为 14.36，而 1%、2.5%、5% 和 10% 缩尾变量的 gfund 估计 t 值分别为 16.62、17.47、17.91 和 17.69。值得一提的是，与第五章的情形不同，5% 的缩尾比 10% 的缩尾在 t 值和 R^2 的表现上均优于 10% 的缩尾，意味着 5% 缩尾的情形下，统计显著性和拟合优度均更高，过度缩尾反而会损失样本的真实性。无论是原变量还是在 1%、2.5%、5% 和 10% 的缩尾处理后，bcnt 变量对 gfund 变量始终在 1% 的水平上显著，且估计系数在经济显著性上也较强。以 5% 的缩尾为例，在其他条件相同的前提下，与政府引导基金合作使得 PE/VC 机构每年投向 B 轮前的案例平均多了 3.2 起。缩尾检验的结果支持基准回归结果的稳健性。

4. 替换固定效应

在选择地区固定效应时，大多数考察政府引导基金政策效果的文献选择了折中的省份固定效应（杨敏利等，2014；胡凯和刘昕瑞，2022），也有一些文献选择以东、中、西、东北部划分的大区域固定效应（薛宏刚等，

2021），还有一些文献选择以城市固定效应作为地区固定效应（成程等，2021）。通过梳理各地政府引导基金和创业投资的特征，本书认为，一些城市在政府引导基金机制设计上有较为强烈的异质性特征，如深圳、成都、武汉等城市的政府引导基金与所属省份的其他政府引导基金存在显著差异。此外，东北地区整体的政府引导基金运作效率不及其他地区，东部地区政府引导基金设立最为密集、管理制度最为规范，都表现出较为明显的大区域特征。考虑到这些因素后，本书在稳健性检验部分将省份固定效应替换为城市和区域①固定效应进行回归（见表6-7）。

表6-7　替换地区固定效应

变量	城市固定效应			区域固定效应		
	avginv	brto	bcnt	avginv	brto	bcnt
gfund	-0.408 ***	0.026 ***	5.036 ***	-0.393 ***	0.025 ***	5.046 ***
	(-5.72)	(3.53)	(14.43)	(-5.50)	(3.47)	(14.38)
inst	-0.813 ***	0.086 ***	1.886 ***	-0.831 ***	0.086 ***	1.892 ***
	(-28.28)	(29.70)	(16.09)	(-29.23)	(30.24)	(16.42)
foreign	-0.075	-0.075 ***	5.951 ***	-0.222 **	-0.071 ***	5.374 ***
	(-0.82)	(-6.19)	(9.14)	(-2.55)	(-6.07)	(8.39)
prd	0.029 ***	-0.002 ***	0.040 ***	0.003 ***	-0.002 ***	0.029 ***
	(9.78)	(-7.09)	(4.47)	(10.11)	(-7.90)	(3.49)
年份固定效应	Yes	Yes	Yes	Yes	Yes	Yes
地区固定效应	Yes	Yes	Yes	Yes	Yes	Yes
N	12511	12523	12523	12511	12523	12523
R^2	0.1531	0.1593	0.1251	0.1297	0.1469	0.1034

表6-7的前3列展示了以城市作为地区固定效应进行回归的结果。对比表6-4可见，以城市固定效应作为地区固定效应的回归结果与以省份固定效

---

　　① 本书参照国家统计局的划分，东部地区包括北京市、天津市、河北省、上海市、江苏省、浙江省、福建省、山东省、广东省、海南省10个省（市），中部地区包括山西省、安徽省、江西省、河南省、湖北省、湖南省6个省，西部地区包括内蒙古自治区、广西壮族自治区、重庆市、四川省、贵州省、云南省、西藏自治区、陕西省、甘肃省、青海省、宁夏回族自治区、新疆维吾尔自治区12个省（区、市），东北地区包括辽宁省、吉林省、黑龙江省3个省。

应作为地区固定效应的回归结果差别并不明显。其中，当平均投资轮次（*avginv*）作为被解释变量时，控制城市固定效应的 *gfund* 估计值为 -0.408，*t* 值为 -5.72，而控制省份固定效应的 *gfund* 估计值为 -0.401，*t* 值为 -5.59；当投资 B 轮前占比（*brto*）作为被解释变量时，控制城市固定效应的 *gfund* 估计值为 0.026，*t* 值为 3.53，而控制省份固定效应的 *gfund* 估计值为 0.025，*t* 值为 3.38；当投 B 轮前次数（*bcnt*）作为被解释变量时，控制城市固定效应的 *gfund* 估计值为 5.036，*t* 值为 14.43，而控制省份固定效应的 *gfund* 估计值为 4.994，*t* 值为 14.36。替换城市固定效应的回归结果证实了基准回归结果的稳健性。

　　表 6-7 的后 3 列展示了以东、中、西、东北四大区域作为地区固定效应进行回归的结果。控制区域固定效应的回归 R^2 有所下降，这一结果在预料之中——纳入模型中的地区特征减少了。不过，主要变量 *gfund* 的估计系数和统计显著性并没有明显变化：以 *avginv* 为解释变量时，*gfund* 的估计系数为 -0.393，*t* 值为 -5.50；以 *brto* 为解释变量时，*gfund* 的估计系数为 0.025，*t* 值为 3.47；以 *bcnt* 为解释变量时，*gfund* 的估计系数为 5.046，*t* 值为 14.38。这些结果同样与控制省份固定效应时较为接近。替换区域固定效应的结果也证实了基准回归结果的稳健性。

四、机构性质的影响

（一）机构定位对风险偏好的影响

　　在原始数据库分类方式的基础上，本书在构造样本时，按照 PE/VC 机构投资对象的主要所处阶段及其对自身的定位，将样本中所有 PE/VC 机构划分为六类，分别为早期投资机构、PE、VC、战略投资者、FoFs（母基金）以及其他（参见表 6-1）。其中，母基金的主要投资对象是创业投资基金，直接投向初创企业的比例很低；战略投资者因为样本量不足无法单独进行回归；其他四类机构均可单独进行回归分析。从表 6-4 回归结果可见，代表机构类

型的变量 *inst* 在绝大多数回归中都在1%的统计水平上显著，这意味着，机构定位会对 PE/VC 机构与政府引导基金合作后的反应产生影响。

表6-8给出了不同类型的机构在与政府引导基金合作前后投资阶段分布上的变化。为简洁地展示回归结果，表6-8中仅报告了 *gfund* 系数的估计值和显著性，其他控制变量的估计系数不再报告，所有回归均控制了年份固定效应和省份固定效应。从表6-8可见，除"其他投资机构"外，*PE* 机构的 *gfund* 变量对 *avginv* 和 *brto* 最为显著。

表6-8　不同定位机构的 *gfund* 估计值

变量	*gfund*		
	avginv	*brto*	*bcnt*
早期投资机构	0.146	−0.012	7.357***
	（1.17）	（−0.69）	（4.65）
观测值	1494	1495	1495
VC	0.094	−0.008	5.840***
	（1.10）	（−0.85）	（12.38）
观测值	6121	6129	6129
PE	−0.262*	0.031**	1.250***
	（−1.71）	（2.13）	（3.83）
观测值	4026	4029	4029
其他投资机构	−2.707***	0.200***	5.695**
	（−2.74）	（2.81）	（2.38）
观测值	514	514	514

在三类明显在投资阶段定位上存在差异的机构里，早期投资机构和 VC 机构 *gfund* 变量的显著性显著弱于 PE 机构。在系数方向上，与政府引导基金的合作反而降低了早期机构和 VC 机构投向早期的比重，但是，与政府引导基金的合作确实显著提升了 PE 机构投向早期的比重，其平均投资阶段整体前移0.26轮，投向 B 轮前的比重整体提高3.1个百分点。对此合理的解释是，早期投资机构与 VC 机构本身投向早期的比重就比较高，出于第五章中讨论的理由，管理政府引导基金参股基金后，这些早期机构的投资策略反而

更偏保守，而 PE 机构本身偏重中后期，与政府引导基金的合作使得他们更多关注到优质的早期企业，在投资阶段上相应地前移。

（二）资本类型对投资阶段的影响

在构造样本时，本书也从是否为外资的角度区分了机构的资本类型，由于合资机构在整体风格上受外资影响较大，且样本数量较少，因此将其与纯外资机构并为一类，本土机构则属于另一类。从表 6-4 可见，代表资本类型的变量 *foreign* 在一些回归中显著，意味着机构的资本类型在一些条件下会对 PE/VC 机构与政府引导基金合作后的反应产生干预。表 6-9 给出了不同资本类型的 PE/VC 机构 *gfund* 变量的估计值和显著性。

从表 6-9 的结果来看，外资或合资机构在管理政府引导基金参股基金后，其投向早期的引导效果比本土机构更为显著。其中，本土机构在管理政府引导基金参股基金后，平均投资轮次前移了 0.43 轮，投向 B 轮前的比重提升了 2.5 个百分点，投向 B 轮前的次数每年平均增加 4.2 次；外资或合资机构在管理政府引导基金参股基金后，平均投资轮次前移了 0.6 轮，B 轮前所占的比重上升了 9.3 个百分点，投向 B 轮前的次数每年平均增加了 15.5 次。

表 6-9　不同资本类型机构的 *gfund* 估计值

变量	*gfund*		
	avginv	*brto*	*bcnt*
本土	-0.426***	0.025***	4.232***
	(-5.50)	(3.16)	(12.34)
观测值	10051	10063	10063
外资或合资	-0.603***	0.093***	15.463***
	(-4.65)	(5.46)	(8.58)
观测值	2460	2460	2460

政府引导基金参股对外资或合资机构投向早期的影响更为显著，有几种合理的解释：第一种解释是，更多支持早期企业是政府引导基金与外资或合资机构合作的一个前提条件，政府引导基金可能在前期与外资或合资机构以

契约的方式将这一合作条件确定下来，并在后续投资过程中显现，这种解释较为符合第五章中提到的机制设计理论；第二种解释是，外资或合资机构本来在进入某些领域的早期企业时存在隐性的进入壁垒，但与政府引导基金合作使其有了更大的选择权限，可以更多地接触到国内的优质早期企业，这种解释符合本章中提出的网络位置理论；第三种解释是，政府引导基金在筛选本土机构进行合作时，可能存在寻租等现象，导致资质较差的机构被选中，而外资或合资机构与本国政府的关联度相对较弱，且能够在我国进行投资的外资机构一般已具有较高的市场声誉和投资能力，因此整体资质水平更高，这种解释在研究欧美等国创投机构支持企业的表现文献中也曾有类似的说明（Ferreira & Matos，2008；Humphery & Suchard，2013）。

需要说明的是，对外资或合资机构的影响大，并不意味着政府引导基金应该更多选择与外资或合资机构合作。一方面，本土创投机构在样本中占大多数，质量更为参差，一些资质较差的本土机构很可能拉低了本土机构政策效果的平均值；另一方面，对本土创投机构的培育是促进我国创投市场健康发展的重要一环，也是政府引导基金的政策目标之一。不过，通过这一结果提醒政府引导基金在筛选本土机构时，要更加注重机制设计，减少逆向选择风险的发生。

（三）注册地区对投资阶段的影响

通过本章的模型设定可知，PE/VC 机构的所属地区会显著影响其投资行为。本书按照东、中、西、东北四大区域的划分，分别考察了注册在不同地区的 PE/VC 机构在政府引导基金参股后投资阶段的变化，其中西部地区和东北地区由于观测值数量过少，无法满足固定效应回归的条件，在表 6-10 未报告结果。

表 6-10　不同地区机构的 *gfund* 估计值

变量	*gfund*		
	avginv	*brto*	*bcnt*
东部	−0.414 ***	0.024 ***	5.021 ***
	（−5.57）	（3.08）	（13.27）

续表

变量	gfund		
	avginv	brto	bcnt
观测值	9927	9938	9938
中部	-0.504	0.043	2.777***
	(-1.40)	(1.36)	(3.03)
观测值	711	712	712
海外	-1.047***	0.146***	8.562***
	(-4.47)	(4.79)	(5.38)
观测值	1873	1873	1873

东部地区由于样本占比最大，其回归结果与整体回归结果最为接近，其中 *gfund* 系数对 *avginv* 的估计值为 -0.414，对 *brto* 的估计系数为 0.024，对 *bcnt* 的估计系数为 5.021，均在 1% 的水平上显著，表明注册在东部地区的 PE/VC 机构在管理政府引导基金参股基金后，平均投资轮次前移了 0.41 轮，投向 B 轮前的比重提升了 2.4 个百分点，投向 B 轮前的次数每年平均增加 5.0 次。中部地区政府引导基金引导 PE/VC 机构投向早期的效果比东部地区更为显著，其中，*gfund* 系数对 *avginv* 的估计值为 -0.504，对 *brto* 的估计系数为 0.043，对 *bcnt* 的估计系数为 2.777，均在 1% 的水平上显著，表明注册在中部地区的 PE/VC 机构在管理政府引导基金参股基金后，平均投资轮次前移了 0.50 轮，投向 B 轮前的比重提升了 4.3 个百分点，投向 B 轮前的次数每年平均增加 2.78 次。注册在海外地区的 PE/VC 机构在政府引导基金参股后投资阶段的变化最为明显，这与本节第二部分的检验结果互相印证，其中，*gfund* 系数对 *avginv* 的估计值为 -1.047，对 *brto* 的估计系数为 0.146，对 *bcnt* 的估计系数为 8.562，均在 1% 的统计水平上显著，表明注册在海外地区的 PE/VC 机构在管理政府引导基金参股基金后，平均投资轮次前移了 1.05 轮，投向 B 轮前的比重提升了 14.6 个百分点，投向 B 轮前的次数每年平均增加 8.56 次。

五、机 制 检 验

在本章最初的部分提出了三种影响机制，分别是资金机制、声誉机制和合作机制，三种机制都有可能对 PE/VC 机构的风险偏好产生影响。其中，资金机制的影响一般是短期的，PE/VC 机构在管理政府引导基金参股基金的时期才会有资金注入的影响，考虑到一般创投基金的投资期为 3~5 年。因此，如果是资金机制主导，那么投资行为的变化应该主要发生在政府引导基金参股后的 3~5 年。声誉机制的影响是长期的，当一个 PE/VC 机构拥有了和政府引导基金合作历史后，会永久提升其在创投市场上的声誉。合作机制的影响相比资金机制更长，但可能短于声誉机制，PE/VC 机构可能只有在管理政府引导基金参股基金期间，才可以获得政府部门推介的优质项目，并有可能获得其他金融机构、行业机构等提供的支持，但一部分 PE/VC 机构也可能利用这段时期积累的资源，建立长期的合作关系。考虑到三种机制在作用时间上的差异，可以用事件分析法剥离出政府引导基金参股后 1~10 年内 PE/VC 机构投资阶段的变化，如果变化集中在短期（3~5 年），那么优先考虑资金机制和合作机制主导，如果变化在长期（5~10 年）仍然显著，那么考虑是声誉机制发挥了作用。

表 6-11 归纳了在可比条件下，实验组 PE/VC 机构和参照组 PE/VC 机构在管理政府引导基金参股基金后 1~10 年的平均差异。从表 6-11 可见，在政府引导基金出资前后，实验组 PE/VC 机构比参照组 PE/VC 机构投向早期的比重明显更高，引导投早的政策效果更为明显：与政府引导基金合作的前 1 年，实验组 PE/VC 机构比参照组 PE/VC 机构的平均投资轮次早 0.73 轮，投向 B 轮前的比重高 5.5 个百分点；与政府引导基金合作当年，实验组 PE/VC 机构比参照组平均投资轮次早 0.71 轮，投向 B 轮前的比重高 5.0 个百分点；与政府引导基金合作后的第 1 年，实验组 PE/VC 机构比参照组平均投资轮次早 0.75 轮，投向 B 轮前的比重高 6.0 个百分点。以上结果均在 1% 的水平上显著。

表 6-11 不同观察期实验组和对照组差异

变量	$treat_i$		
	avginv	brto	bcnt
前 2 期	−0.442***	0.0314*	4.062***
	(−2.582)	(1.814)	(4.427)
前 1 期	−0.729***	0.0547***	3.419***
	(−4.334)	(3.136)	(4.614)
事件期	−0.706***	0.0500***	4.506***
	(−4.841)	(3.179)	(5.672)
后 1 期	−0.753***	0.0598***	5.118***
	(−5.735)	(4.083)	(7.532)
后 2 期	−0.507***	0.0371**	4.760***
	(−3.680)	(2.397)	(6.966)
后 3 期	−0.436***	0.0265*	4.601***
	(−2.898)	(1.645)	(5.507)
后 4 期	−0.523***	0.0316*	6.068***
	(−2.968)	(1.685)	(6.106)
后 5 期	−0.290	0.0406**	5.712***
	(−1.400)	(1.991)	(5.806)
后 6 期	0.0166	0.00336	4.949***
	(0.0634)	(0.135)	(4.343)
后 7 期	0.0686	−0.0280	5.017***
	(0.233)	(−1.039)	(3.917)
后 8 期	0.280	−0.0509	5.260***
	(0.865)	(−1.641)	(3.273)
后 9 期	−0.118	0.0181	4.570***
	(−0.328)	(0.496)	(2.747)
后 10 期	−0.113	−0.0168	5.208**
	(−0.338)	(−0.420)	(2.148)
prd	0.0291***	−0.00220***	0.0421***
	(9.814)	(−7.105)	(4.808)

续表

变量	$treat_i$		
	avginv	brto	bcnt
foreign	−0.0802	−0.0745***	5.960***
	(−0.878)	(−6.198)	(9.200)
inst	−0.811***	0.0847***	1.876***
	(−27.83)	(29.35)	(16.22)
年份固定效应	Yes	Yes	Yes
省份固定效应	Yes	Yes	Yes
N	12511	12523	12523
R^2	0.145	0.156	0.124

从管理政府引导基金参股基金后的第二年开始，实验组 PE/VC 机构投向早期的倾向逐渐弱化（估计系数绝对值和统计显著性双双下降），但在第 2~第 5 年，实验组 PE/VC 机构仍然表现出较为显著的比参照组 PE/VC 机构更高的投早期倾向：在与政府引导基金合作后的第 2 年，实验组 PE/VC 机构比参照组平均投资轮次早 0.51 轮，投向 B 轮前的比重高 3.7 个百分点；在与政府引导基金合作后的第 3 年，实验组 PE/VC 机构比参照组平均投资轮次早 0.44 轮，投向 B 轮前的比重高 2.7 个百分点；在与政府引导基金合作后的第 4 年，实验组 PE/VC 机构比参照组 PE/VC 机构的平均投资轮次早 0.52 轮，投向 B 轮前的比重高 3.2 个百分点；在与政府引导基金合作后的第 5 年，实验组 PE/VC 机构比参照组 PE/VC 机构的平均投资轮次早 0.29 轮，投向 B 轮前的比重高 4.1% 个百分点。

在与政府引导基金合作后的第 6~第 10 年，实验组 PE/VC 机构和参照组 PE/VC 机构在平均投资轮次和投向 B 轮前的比重上已不再表现出明显的差异（估计值均未达到 10% 的统计显著性），且多个估计系数在方向上也与前期相反。这一结果表明，在长期中发挥效果的声誉机制并不显著。从机制检验的结果来看，政府引导基金参股的资金机制和合作机制对 PE/VC 机构投向早期的影响更为显著，这一结果也从侧面支持了用公共资金投向创投领域的做法——公共资金确实在一定程度上弥补了早期创新领域资金不足的问题。

六、本章小结

本章围绕政府引导基金参股是否使参股基金 PE/VC 机构的整体风险偏好发生变化开展研究，核心逻辑是，政府引导基金对 PE/VC 机构的影响力，不仅局限于参股基金本身。主要有以下发现：

第一，在首次管理政府引导基金参股基金后，管理机构的平均投资轮次前移了约 0.4 轮，投资 B 轮前的次数占比平均提高了 2.5 个百分点，投资 B 轮前的次数平均增加了 5 次，估计系数均在 1% 的水平上显著，平行趋势检验、安慰剂检验等多种稳健性检验的证据均表明该结果的稳健性。从计量结果来看，管理政府引导基金参股基金后，显著提升了 PE/VC 机构投资早期的比重。

第二，与政府引导基金的合作，放松了 PE/VC 机构的融资约束，使其有足够的资金实力去布局优质早期项目（资金机制）。机制检验的结果表明，公共资金的投入确实帮助创业投资机构解决了"最先一公里"的问题。

第三，涉及敏感领域的早期项目或较受追捧的明星项目，只愿意接受高声誉 PE/VC 机构的出资，政府引导基金参股提升了 PE/VC 机构的市场声誉，令其可接触到原先无法接触到的项目资源（声誉机制）。

第四，政府引导基金参股后，会通过共享政府资源、行业资源和研发资源等，帮助参股基金 PE/VC 与更多项目之间建立联系的纽带，推动其有更多机会接触到早期优质项目（合作机制）。

第五，与政府引导基金的合作降低了投资定位更偏早期的投资机构投向早期的比重，但却显著提升了投资定位更偏中后期的投资机构投向早期的比重。

第六，外资或合资机构整体投向早期的比重低于本土机构，但在接受政府引导基金参股后，其投向早期比重的提升程度显著高于本土机构，有三种原因可以解释这一现象：政府引导基金对外资机构的要求更严格，政府引导基金帮助外资机构解决了隐性进入壁垒，以及外资机构的平均资质更高。

第七章 政府引导基金经验与案例

为了引导创业投资机构加大对本土早期企业的投资力度，国内外政府引导基金在机制设计上做了较多探索。本章通过分析国内外典型政府引导基金的做法和取得的成效，从正反两个方面总结了政府引导基金在影响创业投资机构风险偏好上的经验教训。

一、国内政府引导基金经验

（一）加强全链条监管有利于实现投早期企业政策目标

国家新兴产业创业投资引导基金通过加强全链条监管，推动参股基金管理机构实现投早期企业的政策目标。作为经国务院批复设立的国家级母基金，国家新兴产业创业投资引导基金十分重视对投向早期的示范作用。早在其前身新兴产业创投计划时期，就在设立方案中明确将政府资金进入创业投资领域的行为定位为解决创新型企业"最先一公里"的问题，帮助解决处于早中期、初创期的创新型企业解决起步资金需求迫切和社会资本供给不足的矛盾。在国家新兴产业创业投资引导基金组建时，其成立方案中明确要求，所有参股基金总规模的60%以上应投向新兴产业领域早中期、初创期创新型企业。为了保证该政策目标顺利实现，国家新兴产业创业投资引导基金理事会在事前、事中、事后都进行了机制设计加强监管（见图7-1）。

图 7-1　国家新兴产业创业投资引导基金制度设计

在事前阶段，国家新兴产业创业投资引导基金在出资时将投资阶段要求以法律条款形式明确在合伙协议中，管理参股基金的 PE/VC 机构在接受引导基金出资时都明确，基金总规模中至少有 60% 以上要投向被发展改革委、财政部认可为处于早中期、初创期发展阶段的企业，其中，初创期企业必须满足成立时间不超过 5 年、职工人数不超过 300 人、资产总额不超过 3000 万元、年销售额或营业额不超过 3000 万元的条件，早中期企业必须满足职工人数不超过 500 人、资产总额不超过 2 亿元、年销售额或营业额不超过 2 亿元的条件（"522"标准）。值得一提的是，该条约不受参股基金资金来源的限制，也就是说，无论参股基金最终募资规模有多大，社会出资人占比有多高，都必须满足基金总规模 60% 以上投向早中期、初创期创新型企业的要求，基金从社会资本方募集的数额越大，带动社会资本投向早期阶段的体量就越大。

在事中阶段，国家新兴产业创业投资引导基金成立了引导基金理事会办公室、专家委员会及秘书处对参股基金的投向进行实时监管，要求管理引导基金实体的机构建立参股基金出资企业的数据库，数据库中会明确披露每只参股基金出资企业的基本信息，包括其所处阶段、参股基金出资额等，通过该数据库，引导基金理事会可以充分掌握参股基金投资早期企业的数量、占基金全部投资案例的比重、占基金全部投资规模的比重等。一般来说，引导基金理事会要求参股基金在投资期全程满足"基金总规模 60% 以上投向早中期、初创期"的要求，也就是说，在参股基金投资期的每一个时点上，投向早中期、初创期企业的金额都应超过其已投资额的 60%。一旦数据库中出现参股基金投资早期比例低于 60% 的情况，引导基金理事会办公室会要求引导基金实体管理机构履行督促义务，提醒参股基金加大对早期企业的投资比重，以保证投早期的政策目标顺利实现。

在事后阶段，国家新兴产业创业投资引导基金通过绩效考核、让利等方式，激励 PE/VC 机构完成投早中期、初创期的政策目标。在理事会办公室对引导基金管理机构的年度绩效考核中，所有参股基金是否完成基金总规模 60% 以上投向早中期、初创期企业的要求占较大分值，如果不能完成该项目标，该引导基金管理机构的年度评分就无法满足良好以上标准，从而不能获得额外的管理费收益和国家出资人让利，如果距离完成该目标较远，那么该引导基金管理机构还可能受到追责。因此，引导基金管理机构有充分的动力监督管理参股基金的 PE/VC 机构投向早期。

完善的制度设计帮助国家新兴产业创业投资引导基金较好地实现了投向早期的政策目标。图 7-2 是国家新兴产业创业投资引导基金参股基金历年投向早中期、初创期企业的占比。从投资案例数来看，国家新兴产业创业投资引导基金参股基金历年累计投向早中期、初创期企业的比重始终占总投案例的 80% 以上，2019 年以来进一步提高至 85% 以上。从投资金额来看，截至 2021 年底，引导基金参股基金累计投向初创期企业的总金额约为 361.3 亿元，占比 23.6%，投向早中期企业的总金额约为 849.5 亿元，占比 55.4%，

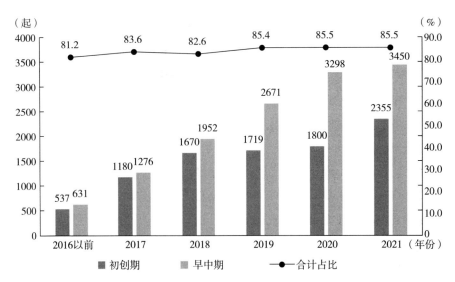

图 7-2　国家新兴产业创业投资引导基金参股基金投资阶段分布（按项目数）

注：图中数值为历年累计值。

资料来源：《国家新兴产业创业投资引导基金发展报告》，下图同。

投向早中期、初创期企业合计占比达到 79.0%，远超合伙协议中约定的 60% 最低限度（见图 7-3）。

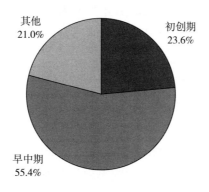

图 7-3 国家新兴产业创业投资引导基金参股基金投资阶段分布（按投资额）

（二）拓宽退出渠道能形成对 PE/VC 机构投早期的有效激励

上海市创业投资引导基金和天使投资基金通过帮助参股基金利用科创板等渠道退出，有效加强了对参股基金 PE/VC 管理机构投早期的激励。

上海市于 2010 年和 2014 年分别设立了创业投资引导基金和天使引导基金两只政府引导基金。从其设立的目标来看，主要有三个：一是弥补市场失灵，通过创新财政资金投入方式，吸引带动民间资本投向市场不敢投、投不了的重点领域；二是打造行业龙头，聚焦集成电路、人工智能等重点领域，通过市场化方式整合重组，支持企业做大做强；三是充分体现种子基金作用，为各类初创创新企业"雪中送炭"，打造持续创新的"源头活水"。此外，上海市特别强调引导基金不以盈利为主要目的，有别于社会资本和国资系统设立的其他投资基金。

从其设立目标可见，上海市的政府引导基金特别强调"种子基金"的定位，强调参股基金要投向市场"不敢投"的领域，为初创企业"雪中送炭"。为了实现这一目标，上海市的做法中最行之有效的一点就是拓宽早期资本的退出渠道，让 PE/VC 机构敢于投向高风险、高收益的早期项目。尤其是在培育企业通过科创板上市方面，上海市政府引导基金的以下三点做法值得借鉴：第一，由上海市发展改革委牵头，会同政府引导基金的受托管理机构，积极动员参股基金和项目公司通过科创板上市。第二，积极发动上交所、相关券商、会计师事务所等专业中介机构资源，为有意向通过科创板上市的企业提供宣讲和上市辅导。第三，以政府引导基金为载体，联动政府部门、证券交易所、发行人、投资人、中介机构等主体，为参股基金投资企业提供定向服务，根据其诉求协调解决上市前的困难障碍。

上海市政府引导基金帮助参股基金畅通退出渠道的做法收到了显著成效。截至2021年底，上海市政府引导基金参股基金支持的企业中已有38家完成科创板上市，22家处于申报、受理阶段，超过30个储备项目在有序推进。上海市政府引导基金投入运作至2021年底，累计支持了超过1900家中小创新企业，其中处于早期和早中期的企业占比超过90%，截至2021年底，通过主板、创业板、科创板上市的企业累计达到82家，新三板挂牌企业累计超过150家。

除为企业上市排除障碍外，上海市还通过打造并购基金、支持股权转让等方式，为早期投资退出提供多样化的途径，部分解决了早期资本难以退出的后顾之忧，在很大程度上激励PE/VC机构挖掘更多有潜力的早期企业。

（三）放宽返投比例和保值增值限制能显著提升投早期比重

在政府引导基金运作存在的问题中，PE/VC机构反映最为强烈的当属返投比例的限制。尤其是在2016~2017年各地政府引导基金集中设立时期，有些地方因为缺乏经验，一味强调财政资金的支出要支持地方发展，忽视了当地新兴产业发展的客观实际和社会资本要求收益回报的合理诉求，将返投的标准定得过高、过死，以至于优秀的PE/VC机构不愿意和该类政府引导基金合作，愿意和政府引导基金合作的PE/VC机构又不具备完成政策目标的能力，逆向选择的问题普遍且较为严重。反而一些优质项目多的地区，并不过分设定政府引导基金的返投标准，如深圳市政府引导基金参股基金累计投资深圳市内企业的数量占比约为37.09%，而金额占比仅为31.32%，给了管理参股基金的PE/VC机构在地域选择上更多自由裁量权。

由于返投比例和保值增值要求的双重限制，许多参股基金PE/VC机构难以找到既能满足位于当地同时又具备良好的投资回报前景的合适项目，因此经常出现投资期已过去两三年甚至行将结束时，基金仅投出去两三个项目的现象，不仅造成了财政资金的闲置、社会出资方的不满，也没有达到预定的支持本地早中期、初创期创新型企业发展的目的。为此，从 2018 年以后，多地政府调整了对返投比例的限制，主要体现在以下两种形式上：

第一种形式是直接降低返投比例。例如，大连市将参股基金规模投资于本地企业的最低比重从 60% 下调为 30%，另有一些区县政府将原定财政出资的 3 倍以上的金额投向本地的要求降低为 2 倍以上。第二种形式则更为隐晦，是采用丰富"返投"内涵的方式，帮助 PE/VC 机构在不过度扭曲投资策略的前提下，完成财政资金返投的要求。例如，江苏省从 2018 年开始将基金投资的"省内企业"的定义拓宽为包括与被投资企业生产经营关系紧密的子公司、分公司或办事处位于江苏省范围内的，被投资企业在获得投资后在产业基金存续期内将注册地、重要生产经营地、主要产品研发地或者与生产经营关系紧密的子公司或办事处等设立或迁入本省范围内的，等等；内蒙古自治区将主要供应商处于自治区境内的投资项目也认定为返投标的。无论是直接还是间接的放宽，都为基金管理公司在更大范围内搜索优质项目提供了便利。

在一些受到外部冲击严重的特殊年份，一些地方政府也主动放宽了返投认定标准、基金存续期限制、保值增值等限制性条款。例如，厦门市在 2020 年 3 月出台了《关于应对新冠肺炎疫情做好产业投资基金工作的若干措施》，明确提出提高返投认定额度、延长基金运作时长等举措，来帮助 PE/VC 机构缓解因投资项目开展延期、已投项目减值乃至灭失的困境，同时在年度绩效考核中将 PE/VC 机构的客观困难充分考虑在内，避免 PE/VC 机构因避险情绪将投资阶段过分后移。厦门市的做法也收到了较好的成效，截至 2021 年底，政府引导基金参股的新兴产业创投基金共投资了 97 个项目，其中初创期企业共计 17 家，数量占比 17.5%，投资金额 3.07 亿元，金额占比 17.1%；早中期企业共计 65 家，数量占比 67.0%，投资金额 11.32 亿元，金额占比 62.9%；成熟期企业仅有 15 家，数量占比 15.5%，投资金额 3.60 亿元，金额占比 20.0%。①

除放宽限制性条约外，一些政府引导基金还尝试通过让利的方式提高参股基金出资种子期、初创期企业的比例。例如宁波市政府引导基金明确提出向参股基金管理机构让利，从而给创投机构吃下"定心丸"，激励其在市场

---

① 资料来源：《2021 年国家新兴产业创业投资引导基金发展报告》地区篇。

整体风险较高的时期，仍然保持对早期创新项目的出资。这一举措也收到了较好成效，截至 2021 年底，宁波市政府引导基金参股基金累计投向宁波市内初创期企业 100 个，占全部投向宁波市企业的比重为 66.7%，占全部投资案例的比重为 28.08%，显著超过《宁波市创业投资引导基金管理办法》规定的 15% 的最低要求，投早投小的政策意志得到了较好的体现。

（四）培育创业投资生态是促进投早期的最根本途径

1. 深圳市的做法

在围绕政府引导基金培育创业投资生态上，国内较具有典型性的地区是深圳。深圳市创业投资行业起步较早，从 20 世纪 90 年代开始已具雏形。2003 年，深圳市在全国率先立法，出台《深圳经济特区创业投资条例》，并于 2010 年、2014 年、2017 年和 2018 年先后出台了促进股权投资发展、合格境内投资者境外试点、外商投资股权投资企业试点、促进创业投资发展等专项政策，努力营造创业投资发展的良好产业生态。在良好的政策土壤上，孵化培育出以深创投、达晨创投、同创伟业、东方富海等为代表的一批在国内具有影响力的本土创投机构。根据中国证券投资基金业协会统计，截至 2020 年底，全国登记的私募基金管理人中，注册于深圳的共有 4472 家，占比 18.2%，备案基金共计 16380 只，仅次于上海，位列全国第二，占比 16.9%，管理基金总规模 1.97 万亿元，仅次于北京和上海，位列全国第三，占比 12.3%。

深圳市于 2009 年设立了深圳市创业投资引导基金，总规模 30 亿元。随着参股基金数量和规模的不断扩大，对基金进行规范化和专业管理的需求逐步提升。2015 年 8 月，深圳市政府审议通过深圳市政府投资引导基金设立方案，正式设立了深圳市引导基金投资有限公司（以下简称"深圳市引导基金"）。2016 年 6 月起，原深圳市创业投资引导基金并入深圳市引导基金，并统一委托深圳市创新投资集团有限公司（以下简称"深创投"）负责管理，深圳市创业投资引导基金的原有职能由深圳市引导基金承担。2018 年，为了加大政府引导基金投向早期的力度，深圳市专门成立了总规模 100 亿元的天使母基金，在短短两年时间里，深圳市依托天使母基金，形成了规模约 110 亿元的天使子基金群。

为了让政府引导基金参股基金有更多可投的早期优质项目，深圳市在构建创新生态上做了多方面的工作。

　　一是积极吸引国家级政府引导基金落地。"国家队"对于撬动社会资本出资、集聚创新资源、减少企业上市退出阻力等有不可替代的优势和较强的示范效应，因此深圳市除培育创投本土品牌外，也一直很重视与国家级母基金的对接。2015 年 12 月，国家中小企业发展基金首只基金实体——中小企业发展基金（深圳有限合伙）在深圳设立运行；2016 年 8 月，定位于中央企业并购重组的中国国有资本风险投资基金签约落户深圳；2016 年 9 月，作为国家新兴产业创业投资引导基金三只实体之一的盈富泰克国家新兴产业创业投资引导基金（有限合伙）在深圳完成工商注册。

　　二是仿效硅谷模式，打造创投集聚区。为了推动创新资源集聚和共享，深圳市对标美国硅谷沙丘路模式，在车公庙打造国际创投风投街区，依托深铁置业大厦挂牌国际风投创投中心，释放约 100 万平方米的产业空间，集聚创投风投机构，服务"专精特新"企业。

　　三是积极开展创新政策试点。深圳市利用经济特区的优势，积极开展各项创新政策的试点，为创业投资发展寻找更多突破口。2021 年，深圳市获国家外汇管理局批准 100 亿美元的合格境内投资企业（Qualified Domestic Investment Enterprise，QDIE）额度，为全国最高。结合 QDIE 扩容试点，深圳市在全国率先修订合格境外有限合伙人（Qualified Foreign Limited Partner，QFLP）、QDIE 试点政策，通过放宽投资范围与境外投资使用期限、优化受理流程等进一步畅通境内外双向投资渠道。尤其是 2021 年 1 月，深圳市印发《深圳市外商投资股权投资企业试点办法》，大幅度放宽了外资进入创业投资领域的准入门槛，对市场形成了良性激励。与以往的管理办法最大的不同是，该办法中明确，"允许外商投资股权投资管理企业发起设立或受托管理内资私募股权、创业投资基金；允许内资私募股权、创业投资基金管理人发起设立或受托管理外商投资股权投资企业"，这意味着，外资母基金可以 FOF（Fund of Fund，指母基金投资模式）直接投资创业投资基金。此外，新修订的办法还首次明确了合格境外 LP 可开展 A 股市场发行新股、定向发行新股、大宗交易、协议转让等资本运作模式，删除了对外商私募基金管理人和外商私募基金最低注册资本、LP 净资产、最低出资等要求，转以增加投资负面清单的方式，规范对合格境外 LP 的管理。

上述举措不仅帮助深圳进一步完善了创业投资的生态，而且也对提升政府引导基金参股基金出资早期企业的比重起到正面推动作用。截至 2021 年 9 月底，深圳市政府引导基金参股基金投资于初创期和早中期的项目累计达到 1971 个，占总投资项目数的 66.5%，投向初创期、早中期企业的金额累计达到 794.2 亿元，占全部投资额的 37.7%。其中，投资于深圳市内的初创期和早中期项目累计达到 794 个，占所有深圳投资项目的 72.3%，投资金额累计达到 282.2 亿元，占所有深圳投资项目的 42.8%。参股基金投资的项目中，累计已有 181 家企业完成上市，累计投资专精特新、小巨人企业 156 家，累计投资独角兽企业 120 家，这其中，对许多企业的投资都发生在其起步阶段，为创新型企业的发展壮大发挥了重要作用。

2. 青岛市的做法

青岛市同样以打造"全球创投风投中心"为目标，开展了一系列创投生态环境建设，其主要工作依托或围绕政府引导基金展开。

一是围绕规范政府引导基金管理，完善法律法规和制度建设。从 2010 年开始，青岛市在十余年的时间里围绕优化政府引导基金管理、推动创业投资发展持续出台规范性文件，先后发布了《青岛市市级创业投资引导基金管理暂行办法》《青岛市市级股权投资引导基金管理暂行办法》《青岛市创业投资行业行动计划（2017—2021 年）》《青岛市新旧动能转换引导基金管理办法》《青岛市人民政府关于支持打造创投风投中心若干政策措施的通知》《青岛市新旧动能转换项目基金暂行管理办法》等一系列政策文件，不断优化政府引导基金的制度设计。

二是以政府引导基金及参股基金群落为载体，举办全球（青岛）创投风投网络大会。截至 2021 年底，青岛市政府引导基金参股基金累计已达到 85 只，总规模超过 1100 亿元，吸引社会资本超过 800 亿元，形成了一个以政府引导基金为核心的创业投资群落。从 2020 年开始，青岛以政府引导基金及参股基金为载体，举办全球创投风投大会，邀请全球投资界、产业界、学术界的专业人士，通过圆桌论坛、人物专访、政策解读等方式，推动创投领域的国际合作，并向投资者全面展示青岛的科技发展、推介优质项目，大会吸引了数万家创投风投机构、协会组织和企业参与，显著扩大了青岛 PE/VC 机构的"朋友圈"和"合作圈"。

三是以政府引导基金管理机构为媒介，兼顾市场化运作和政策导向。在青岛市政府引导基金最初成立时，其受托管理机构青岛市市级创业投资引导基金管理中心是事业单位性质，对一些对投资自由裁量权要求较高的市场头部 PE/VC 机构而言，容易对事业单位管理的政府引导基金产生行政色彩浓厚、审批流程缓慢、日常干预较多的刻板印象，从而与其合作意愿不高。为此，青岛市也作出了大刀阔斧的改革，2021 年，青岛市创业投资引导基金管理中心正式由原事业单位性质改制转企成立青岛市创业投资有限公司（以下简称"青创投"），为开展市场化、规范化运作进一步夯实基础。在进行市场化改革的同时，青创投始终坚持政府引导基金的政策导向，除了在投资方向上坚持投早投小投新外，还举办了多项公益性的活动来促进青岛市创投生态发展，例如，在 2021 年协办第十届中国创新创业大赛（青岛赛区）行业赛、联合承办青岛市"创业城市合伙人巡回宣讲"、青岛市行业协会商会联盟企业家股权融资培训沙龙等活动，与前海母基金、深圳市科技创业促进会、深圳市私募基金商会建立战略合作，等等。

四是以政府引导基金参股基金投资企业为主要对象，搭建创业投资公共服务平台。面向以政府引导基金参股基金投资企业为主的高新技术企业，青岛市搭建了创业投资公共服务体系帮助企业对接交易所、金融机构、投资人、高校科研院所等资源。仅 2020 年，青岛市创业投资公共服务平台就累计举办线上线下专题对接会近 20 场，开展项目路演近 50 场，进行投资创业辅导 17 场，为参股基金推介项目百余个，青岛市还推动青岛创投学院课程进校园，联合高校老师开设创业投资专业课程正式列入青岛大学选修课，为创投发展培育人才梯队。此外，青岛市联合深交所、青岛银行等金融机构举办"蓝色之星股债双融"等多场活动，加强对投资人、交易所的项目推介，2020 年通过"蓝色之星"服务达成股权投资意向的创新型中小企业超过 20 家，达成投资意向约 1.1 亿元。

青岛市培育创投生态的做法，既给了 PE/VC 机构更多机会接触优质的早期企业，也使得 PE/VC 机构与其他出资人联合出资、便捷地上市退出变得更有可能。截至 2021 年底，青岛市政府引导基金参股的基金累计投资了 600 多个项目，其中初创期、早中期项目合计占比超过 50%，投资项目累计成功申请各类专利超过 4000 项。同时，累计已有 110 个项目完成全部或部分退出，其中 32 家企业完成 IPO 上市，4 家企业通过并购等方式登陆国内外资本市场，另有 8 家企业获交易所 IPO 受理，形成了"上市一批、培育一批、储备一批"的良好创业投资格局。

二、国外政府引导基金经验

（一）利用政府引导基金加强对早期企业的支持是各国政府普遍做法

尽管当前欧美国家对于政府"补贴"本土企业有较多争议，但是在国际通行的准则上，政府支持本土初创企业、中小企业发展仍然是被允许的，美国、欧盟等发达国家和地区也不例外。其中，利用政府引导基金支持早期企业的发展早有先例，而且直到现在仍被各国政府所沿用。最常被提及的案例，一是美国的小企业投资公司（Small Business Investment Companies，SBIC）计划，二是以色列的 Yozma 基金。

美国国会在 1958 年通过了《小企业投资法》（*The Small Business Act*），授权小企业管理局（Small Business Administration，SBA）负责实施 SBIC 计划，该计划主要通过 SBA 为小企业投资公司提供融资支持来实现。具体地，先由符合条件的①发起人向 SBA 申请成立一家小企业投资公司，在通过审核并获得 SBA 授予的资格执照后，该小企业投资公司就可向 SBA 申请融资支持，一般 SBA 会通过发行担保债券的方式为小企业投资公司提供融资担保，由于担保费率、管理费率和承销费率较低，且有政府背书，SBA 的担保证券在证券市场上很受投资者欢迎，因此获得 SBA 支持的小企业投资公司可以较低的成本更轻松地获得融资。该计划的最后一步，就是由小企业向小企业投资公司申请投资，SBA 的网站上详细公布了目前活跃的小企业投资公司对投资规模、投资方式、投资阶段、投资产业、投资地域等的偏好以及对投资标

---

① 申请人最低启动资金为 500 万美元，其他条件包括团队专业技能，预期投资的行业分布、阶段分布等。

的的要求，供有意向的小企业参考，具体的筛选工作，则交由小企业投资公司自行决定。1958~2019 年，SBIC 计划累计投资了超过 16.6 万个小企业项目，累计投资金额超过 670 亿美元①。SBIC 计划主要投资于种子期和初创期的小企业，填补了商业性创业资本不愿意投资这类公司的空白，2001 年 SBIC 的总资本在全美创投总额中仅占 1%左右，但 SBIC 投资于初创型小企业的资本却占全美创业投资的 10%~15%；同时，SBIC 有效地吸引了社会资本的进入，充分发挥了其杠杆放大效应（Jeffrey，2003）。不少学者认为，SBIC 计划有效解决了企业投资公司融资期限及规模与股权投资方式的不匹配问题，提高了财政资金的使用效率，可以有效扩大引资倍数、提高资金使用效率、降低投资风险，解决引导基金资金规模过小的问题（李朝晖，2010）。此外，有证据表明，SBIC 计划确实起到了促进创新的作用（Wallsten，2000）。

Yozma 基金②在运作方式上和 SBIC 计划存在明显差异，但同样也是蜚声世界的成功政府引导基金实践。1993 年，以色列政府组建了第一只政府引导基金 Yozma I，随后又分别于 1998 年和 2002 年设立了二期基金和三期基金。不同于 SBIC 主要通过融资担保的方式为初创企业注入资金，Yozma 基金主要采用参股子基金的方式支持初创企业融资，是一只真正意义上的母基金。Yozma 先从市场上挑选出合适的创业投资基金参股，这些基金都由专业的市场化创业投资机构管理，再由参股基金决定具体投向哪些初创企业。以色列政府向 Yozma 母基金出资了 1 亿美元，并约定向每只参股基金出资的比例不超过 40%，总投资额不超过 800 万美元，其余资金需要参股基金管理机构自行向社会资本募集③。1993~2000 年，Yozma 基金总共参股了 43 只创业投资基金，总募资额 31.7 亿美元，参股基金共投资了 656 家创新型企业④。

近二三十年来，欧洲工业化国家高技术产业的发展速度相对美国较为缓慢，这种落后被部分归结为欧洲缺少风险资本所致（Grillia & Murtinu，2014）。相当一部分欧盟成员认为，风险资本的缺失需要由政府引导基金来补位。如德国在《数字化战略 2025》中提到，1995~2015 年，德国高科技企

---

① 资料来源：SBIC 网站，https://www.sba.gov/partners/sbics。

② Yozma 在希伯来语中有"首创、开启"之意。

③ 资料来源：Yozma 网站，https://www.yozma.com/。

④ 资料来源：Avnimelech（2009），VC Policy：Yozma Program 15-Years Perspective。

业的注册数量下降超过 40%, 2014 年德国新上市企业仅有 11 家, 而英国和美国的新上市企业分别达到 112 家和 228 家, 重要原因之一就是德国缺少风险资本 (据估算, 德国的风险资本规模约为美国的 1/10)。德国的 ERP/EIF Growth Facility 基金和 Coparion 基金正是在这一背景下诞生的。2016 年, 德国联邦政府联合欧洲投资基金 (European Investment Fund, EIF) 设立了总规模 5 亿欧元的 ERP/EIF Growth Facility 基金, 该基金采取与其他创投基金联合投资的方式投向高科技企业[①]; 同年, 德国联邦经济能源部 (BMWi) 和德国复兴信贷银行 (KfW) 联合设立了总规模 2.25 亿欧元的企业联盟基金 (Coparion), 主要投向成立 10 年内符合欧盟中小企业标准的科技型企业。Coparion 基金在运作方式上也采用与社会资本联合投资的方式, 要求联合投资方对科技型企业的投资不得低于 Coparion 的出资, 在首次投资时, Coparion 的投资份额不得超过被投企业股份的 25%, 如发生二次投资或其他情形导致 Coparion 持股份额变更的需经德国金融部 (BMF) 批准[②]。这些制度设计一方面是为了保证公共资金的安全, 另一方面是为了保证政府引导基金的投资对象能覆盖更大的早期项目群体。

除上述基金外, 英国的区域性创业投资基金 (RVCF)、澳大利亚的前种子基金 (PSF) 和创新投资基金 (IIF)、新西兰的创业投资基金 (NZVIF)、法国的国家创业投资引导基金, 加拿大的劳动自助创业投资公司计划 (LS-VCC), 等等, 都是发达国家以政府引导基金方式支持早期创新企业发展的实践案例。可见, 利用政府引导基金加强对早期企业的融资支持, 是各国普遍采取的做法。

(二) 政府引导基金投资范围限制过窄或过宽都不利于政策目标的实现

从国外政府引导基金实践来看, 在投资范围的界定上最体现政策设计的科学性。投资范围的限制既不能过于宽泛, 也不宜过于严苛, 过宽的投资限制不利于资金流向早期企业 (或其他政策引导的方向), 而太严又不利于基金管理者找到合适的投资标的。

过于宽松的投资限制导致政府引导基金失败的典型案例是加拿大的劳动

---

① 资料来源: EIF 网站, https: //www.eif.org/。
② 资料来源: KfW 网站, https: //www.kfw.de/About-KfW/。

资助创业投资公司计划（Labor‑Sponsored Venture Capital Coporation，LS-VCC）。LSVCC 基金的投资范围包括两类，分别为合格投资和储备投资，其中合格投资主要指创业投资，而储备投资则是其他允许投资的类型，包括一部分二级市场股权投资①。在合格投资方面，LSVCC 基金允许各省自行界定"合格企业实体"，而且同一省设立的不同基金投资标准也有差异。如联邦基金认定的"合格企业实体"应满足总资产不超过 5000 万加元，雇员不超过 500 人，而魁北克省设立的 FSTQ 基金②认定的"合格企业实体"则为总资产不超过 5000 万加元，净资产不超过 2000 万加元，而同为魁北克省设立的 Fondaction 基金，"合格企业实体"的标准则是总资产不超过 1 亿加元，净资产不超过 4000 万加元，且两只基金均未对雇员数量作出限制。LSVCC 基金在设计之初约定每只基金都必须将一定比例的资金投资于合格企业，但具体比例的设定取决于该基金是否属于启动期（一般为基金设立的前 5 年），如果基金处于启动期，那么为了避免高风险带来损失，LSVCC 计划不强制基金对初创企业进行投资，而是可以将更高的比例用于二级市场股权交易等"储备投资"③。

过于宽松的制度设计使得参与 LSVCC 计划的基金支持初创企业的效果与预期相差甚远。以 FSTQ 基金为例，截至 2011 年 5 月，其资产规模达到 88 亿加元，但其中有将近一半的资产用于上市公司股票、政府及企业债券、对冲基金、金融市场票据等二级市场投资，仅有 25% 左右的资产用于创业投资，其中投向技术型企业的资金仅有 20.7% 左右，投向早期企业的仅有 10% 左右。Fondaction 基金的效果和 FSTQ 基金类似，截至 2011 年 5 月，Fondaction 基金的总资产规模约为 8.8 亿加元，但真正以创业投资方式支持早期企业的比重不超过 5%④。

LSVCC 计划在支持早期企业方面的失败，主要原因在于其投资标的设计过于宽泛，难以有效筛选不符合政府引导基金支持方向的企业。但是，从另一个角度看，过于严格地限制投资范围也不利于政策目标的实现。首先，

---

① 资料来源：https：//www.investopedia.com/terms/l/lsvcc.asp。

② FSTQ 基金和下文的 Fondaction 基金都属于 LSVCC 计划。

③ 资料来源：《2016 年国家新兴产业创业投资引导基金发展报告》。

④ 资料来源：熊维勤.创业引导基金运作中激励机制研究［M］.北京：经济科学出版社，2013.

"小"不代表"好",考虑到政府引导基金还承担着支持创新的政策任务,挖掘出真正具有发展潜力的企业,可能比一味追求严苛的雇员数量和资产规模标准更重要。其次,单笔投资额过低导致难以在投资期内完成全部投资,这是一个更为现实的问题,也是许多大规模的政府引导基金都会面临的,除个别企业外,一般企业早期融资轮次需要的资金量都比较小,单笔融资额大多在百万级,即使不限制单笔投资额,单是满足投早投小的标准都很难将动辄数百亿的政府引导基金在5~10年的投资期内投完。

以英国的区域性创业投资基金(Regional Venture Capital Funds,RVCF)为例,该基金对投资对象的要求是,必须满足欧盟对中小企业的定义,即至少满足下述三项条件之一:企业雇员少于250人,年营业额不超过5000万欧元,资产总额不超过4300万欧元。除此三项条件外,RVCF还要求所投资企业从未获得过来自其他主体的创投资本支持。为了切实落实支持中小企业的政策目标,RVCF还要求首轮投资不得超过25万英镑,首期投资6个月后才可进行第二轮投资,但投资总额不得超过50万英镑(为避免股权被稀释而得到特许的情况除外)[①]。

该基金从2002年开始投入运作,但截至2008年底,全部9只参股基金在7年的时间里仅投资了346家企业,总投资额约1.3亿英镑,约只完成了原定目标2.5亿元英镑的1/2,投出率低成为RVCF最受诟病的一点。据统计,截至2008年底,RVCF参股基金整体投出率仅有51%,其中最低的仅有29%[②],账面上大量资金闲置,严格的投资标准导致可投项目不足,是投出率低的最主要原因之一。此外,在RVCF成立之后,英国政府又相继成立了高技术成长基金(UK High Technology Growth Fund)、早期成长基金(Early Growth Funds)、企业投资基金(Enterprise Fund)、创新投资基金(UKIIF)等政府引导基金,虽然每只基金在功能侧重上略有不同,但在本就狭窄的投资范围上还有较多重叠,导致中后期申请RVCF资金支持的企业进一步减少,也是RVCF基金账面上大量资金闲置的重要原因。

---

① 资料来源:李建良.创业投资引导基金的引导模式[M].北京:社会科学文献出版社,2016.

② 资料来源:Webster D. England's Regional Venture Capital Funds:A Review of Programme Outcomes and Stakeholder Perspectives[J/OL].SSRN Electronic Journal No. 1754482, 2009.

表7-1列举了一些政府引导基金对投资范围的限制。从其标准来看，各国都在试图寻找政策的普惠性和精准性之间的平衡。从国际经验来看，过宽和过严的投资范围，都可能导致政府引导基金的失败。合意的政府引导基金投资范围，应该兼顾投早投小的政策初衷和有足够的投资标的两项目标。对于不合理的政府引导基金投资限制，公共部门应及时作出动态调整。

表7-1 部分国家政府引导基金对投资范围的限制

	政府引导基金	投资企业规模限制	备注
美国	小企业投资计划（SBIC）	小企业：有形净资产<1950万美元，申请前两年平均税后净收入<650万美元 微企业：有形净资产<600万美元，申请前两年平均税后净收入<200万美元	资金总规模的25%以上投向微企业，75%以上投向小企业
英国	区域性创业投资基金（RVCF）	企业雇员<250人，或年营业额<5000万欧元，或资产总额<4300万欧元	欧盟中小企业标准
德国	企业联盟基金（Coparion）	企业雇员<250人，或年营业额<5000万欧元，或资产总额<4300万欧元	欧盟中小企业标准
澳大利亚	创新投资基金（IIF）	申请前两年平均销售收入<400万澳元，且单一年度销售收入和净资产<500万澳元	
加拿大	劳动资助创业投资公司计划（LSVCC）	企业雇员<5000人，且资产总额<5000万加元，且净资产<2000万加元	部分参股基金上调总资产限额为1亿加元，净资产限额为4000万加元，雇员人数不做限制

（三）推动参股基金投资阶段前移需要支付更高的固定管理费

种子期企业往往与高失败风险挂钩，为了激励参股基金管理机构加大对早期企业的投资力度，政府引导基金往往需要向管理机构支付更高的固定管理费，从而更多地分摊参股基金管理机构承受的风险。

较为典型的案例是澳大利亚的前种子基金（Pre-Seed Fund，PSF）和创新投资基金（Innovation Investment Fund，IIF）。IIF基金是澳大利亚政府于1997年设立的，起初名为小企业创新基金（Small Business Innovation Fund，SBIF），同年更名为创新投资基金。IIF基金由澳大利亚工业、旅游和资源部下属的商业项目执行部门AusIndustry和专门负责推进技术进步和企业创新的产业研发委员会（Industry Research and Development Board）共同组建，共设立了三期基金，基金规模分别为1.91亿澳元、1.57亿澳元和2.9亿澳元，合计参股了13只创投基金。在前两期引导基金中，IIF要求所有参股基金必须全部投向处于种子期、初创期或扩张期初期（或称早中期）的科技型企业，第三期基金则将投资对象扩展到了从事商品生产和提供服务的小企业。根据IIF基金对"合格被投资企业"的定义，参股基金的投资对象在发展阶段上必须是处于起步阶段，在收入上投资前两年的平均收入不超过400万澳元且单一年度收入不超过500万澳元。据统计，IIF参股基金投资的企业，约有21%投向早中期，42%投向初创期，37%投向早中期[①]。

IIF基金在支持早期创新型企业上取得了不错的政策效果，这给了澳大利亚政府以信心推广这种政府引导基金模式。2001年，澳大利亚政府又成立了PSF基金，定位为推动大学和公共研发机构研发活动的产业化。PSF基金的运作模式和IIF类似，都是通过参股基金并约定投资方向的方式来推动早期创新型企业发展，唯一不同的是，由于PSF基金的投资对象阶段定位更为靠前（以种子期为主），澳大利亚政府认为其投资风险更高，社会资本的参与意愿更低，因此政府资金在PSF参股基金中的最高比例比IIF更高（最高可达到75%），支付给参股基金管理机构的固定管理费率更高（IIF基金为2.5%~3%，而PSF基金为3%~3.5%）[②]。

PSF的机制设计在支持早期项目上取得了理想的效果，与IIF基金及澳大利亚其他的政府引导基金相比，PSF基金参股的创投基金投资早期项目或企业的比重明显更高。但是，PSF参股基金投向高技术产业的比重却低于IIF基金。此外，PSF参股基金在投资筛选新项目的热情上显然不如IIF基金，截至2011年6月底，PSF基金在10年的运作中仅投资了71个项目，其中15个项目投资撤销，实际只完成了56个投资项目。PSF基金参股基金的经济效益表现也不尽如人意，以2010~2011财年为例，4只参股基金年度总投资298万澳元，其中208万澳元为政府出资，但年度收益仅有17万澳元；截至

① 资料来源：Murray G, Cowling M. and Liu W. An independent econometric analysis of the "Innovation Investment Fund" programme (IIF) of the Australian Commonwealth government: Findings and implications [R]. Report of Department of Innovation, Industry, Science and Research (Australia), 2010.

② 资料来源：AusIndustry网站，https://www.industry.gov.au/ausindustry。

2011 年 6 月，政府资金累计投入 PSF 基金的金额达到 6579 万澳元，但累计获得的收益仅有 103 万澳元①。

（四）在良好的机制设计下，实现政策目标和获得合理经济回报可以兼得

大多数政府引导基金遇到的一大难题，是如何在实现政策目标和实现公共资金的合理经济回报之间权衡，尤其是投早期高技术企业往往伴随较高的失败率，创业失败很可能意味着前期所有资金投入全部"打水漂"。许多政府引导基金为了突出政策引导作用，不得不降低对经济回报的要求（如 PSF 基金），还有一些政府引导基金则因为过于强调经济回报而导致参股基金的投资行为偏离了政策初衷，无论哪一种情况都不是政府引导基金的理想状态。不过，也有一些政府引导基金较好地兼顾了两类目标，其中典型的例子是以色列的 Yozma 基金。

Yozma 基金采用了多种机制设计来加强对参股基金管理机构的激励。在经济激励方面，Yozma 设计了一项期权激励机制，允许私人部门投资在基金封闭期的前 5 年，以事先约定的价格（一般按投资成本加 5% ~ 7% 的溢价定价）回购政府在参股基金中的份额。这项设计类似于给了参股基金社会资本方一项看涨期权，既撬动了更多社会资本，也给了政府资金更便利的退出渠道，取得了明显的效果——在 Yozma 一期基金参股的 10 只创业投资基金中，有 8 只基金的社会资本方选择了行使回购权。

Yozma 基金另一项与其他政府引导基金明显不同的制度设计，是其鼓励国际资本进入参股基金。不同于大多数政府引导基金主要依赖政府出资和本国私人部门出资，Yozma 基金从运行之初就鼓励参股的私人部门吸引国际资本进入参股基金，尤其是吸引具有丰富经验的国际创业投资机构。通过这种方式，Yozma 基金的参股基金可以较快地学习国外创投资本的先进管理经验，提高基金筛选投资项目的能力和为投资项目提供增值服务的水平，同时获得了更为便捷的海外上市退出渠道。Yozma 一期基金参股的 10 只创业投资基金，全部都有国外 LP 的参股，如 Gemini 基金中有美国 LP Advent 参股，In-

---

① 资料来源：AusIndustry：Innovation Australia Annual Report 2010-2011。

ventech 基金中有荷兰 LP Van Leer Group 参股，Star 基金中有德国 LP TVM Si-emmens 参股，Nitzanim 基金中有日本 LP Kyocera 和 AVX 参股，等等①。至少有 6 只参股基金获得了美国 LP 的出资，推动大量的以色列高技术企业在美国纳斯达克市场上市，以色列一度成为除美国本土企业外拥有在纳斯达克上市企业数量最多的国家之一，Yozma 基金的该项制度设计功不可没。

Yozma 基金的制度设计，帮助其在政府引导基金的两类目标上都取得了成功。首先，在培育创业投资市场和支持早期创新型企业发展上，Yozma 三期引导基金总共参股了 55 只创业投资基金，参股基金总募资额 59.8 亿美元，占以色列整个创业投资市场募资额的 49%，参股基金共计投资了 862 家创业企业，约占同期以色列全国创投市场投资案例数的 41.9%，在 Yozma 基金设立后的 20 多年间，以色列排名前 10 的创投基金中，至少有 4 家是 Yozma 基金的参股基金。其次，在财务回报上，Yozma 一期基金参股基金投资企业中通过 IPO 上市或并购方式成功退出的有 112 家，退出率高达 56%，10 只参股基金中，有 8 只基金的退出率都超过了 50%，其中 JVP 基金和 Polaris 基金退出率分别高达 83.3% 和 68.4%，有 6 只基金的内部收益率（Internal Rate of Return，IRR）超过了 100%，即使是表现稍不如一期基金的二期、三期 Yoz-ma 基金，在退出成功率上也显著高于其他市场化基金，截至 2008 年，Yozma 三期基金参股基金累计投资的 862 家企业中，有 357 家成功退出，退出率达到 41%，比同期以色列创业投资行业平均 20% 的退出率高出 21 个百分点。Trajtenberg（2002）对 Yozma 基金的研究表明，Yozma 出现的时机较好地迎合了以色列创业投资产业发展的进程，成功地吸引了国外著名的创业投资机构，这些机构不仅为以色列带来了创业资本，而且还带来了创业投资经验和管理技术，促进了以色列本土创业投资产业的发展。

Yozma 基金的案例表明，在良好的机制设计下，政府引导基金支持早期创新型企业和取得合理的财务回报是可以兼得的，支持早期企业融资并不一定非要以牺牲经济回报为代价，反而对财务指标的合理要求，可以督促参股基金管理机构为筛选优质项目付出更高的努力。

关于政府引导基金的机制设计，在学术界仍然充满争议，即使是那些政

①　资料来源：Avnimelech G. VC Policy：Yozma Program 16-Years perspective ［J/OL］. SSRN Elec-tronic Journal，2009，10.2139/ssrn.2758195.

策效果受到广泛认同的政府引导基金，在机制设计上也饱受诟病。如乔希·勒纳（2012）认为，"认可 SBIC 工程的催化作用不等于承认它永远是一个有用的工程"，有大量证据表明，SBIC 计划中的"官僚规章已经令大多数有才能的风险投资家望而却步"。国内外政府引导基金的经验表明，如何优化完善政府引导基金机制设计，是这项政策实践中永远不会过时的议题。

第八章　结论与建议

一、主要结论

（一）关于政府引导基金对参股基金风险偏好的影响

第一，政府引导基金参股显著降低了创业投资基金的风险容忍度。双重差分固定效应模型显示，政府引导基金参股后，创业投资基金的平均投资轮次后移了约0.93轮，投向B轮前（早期融资轮次）的次数占比平均下降约6.6个百分点。这一结果意味着，政府引导基金引导创业投资机构投向早期的政策目标并没有通过参股基金自身的投资行为实现。对此结果有两种解释：一是参股基金管理机构存在较强的逆向选择与道德风险问题，为了吸引政府引导基金出资，在事前有较强的"作秀"动机，而在政府引导基金出资后由于缺乏绩效考评和相应的奖惩制度，管理机构的投资行为逐渐向市场均值回归。二是政府引导基金自身不合理的要求倒逼参股基金管理机构降低投资风险。

第二，保值增值机制是政府引导基金影响创业投资基金风险偏好的主要机制。政府引导基金参股对创业投资基金风险偏好的影响可能通过四种机制实现：一是阶段要求，即要求参股基金投向早期企业数量不低于一定比例；二是让利机制，即政府引导基金通过降低收益分成等方式激励创业投资机构投向高风险高收益的早期创新项目；三是保值要求，即要求参股基金达到国有资产保值增值目标，使政府引导基金最后回收的资金不低于其出资成本；四是返投要求，即要求参股基金投向本地项目的数量不低于一定比例。其中，阶段要求和让利机制对参股基金风险偏好有加强作用，而保值要求和返投要求对参股基金风险偏好有抑制作用。从计量结果来看，抑制作用整体大于提升作用，而返投要求对参股基金风险偏好的影响不显著。因此本书认为，保值增值机制可能是政府引导基金影响参股基金风险偏好的主要机制。

第三，政府引导基金参股基金比其他创投基金表现出更高的风险偏好，主要来源于筛选效应。在整体投资阶段分布上，政府引导基金参股基金仍比其他创投基金表现出对早期投资更高的偏好，由于政策效应整体对参股基金投早期有抑制作用，可以推断参股基金对早期的偏好主要来自政府引导基金的筛选效应，即政府引导基金会挑选出市场上具有较强投早期倾向的创投基金出资，而在政府引导基金参股后，尽管这些基金投早期的比重整体仍高于其他创业投资基金，但是对早期的偏好却比他们接受政府引导基金参股前下降了。

第四，政府引导基金对参股基金管理机构的激励方案会影响其风险偏好。不对称信息下的委托—代理模型分析结果和国外案例均表明，当政府引导基金本身具有较强风险规避特征时，需要提高支付给参股基金管理机构的固定管理费率，才能有效降低逆向选择和道德风险。多任务模型的分析结果还表明，当政府引导基金要求参股基金管理机构同时完成两项存在冲突的任务时，对其中一项任务的激励程度越高，参股基金管理机构对另一项任务付出的努力就越少。当这两项任务是支持早期企业和提高政府引导基金回报时，对提高政府引导基金回报的要求越高、激励越大，参股基金管理机构支持早期企业的努力会越少。

（二）关于政府引导基金对PE/VC机构风险偏好的影响

第一，管理政府引导基金参股基金后，PE/VC机构整体投资早期的比重显著提升。双重差分模型的结果显示，在首次管理政府引导基金参股基金后，PE/VC机构的平均投资轮次前移了约0.4轮，投资B轮前的次数占比平均提高了2.5个百分点，投资B轮前的次数平均增加了5次。有三种机制可以解释这一结果：一是资金机制，即与政府引导基金的合作放松了 PE/VC 机构的融资约束，使其有足够的资金实力去布局优质早期项目；二是声誉机制，即涉及敏感领域的早期项目或较受追捧的明星项目，只愿意接受高声誉 PE/VC 机构的出资，政府引导基金参股提升了 PE/VC 机构的市场声誉，令其可接触到原先无法接触到的项目资源；三是合作机制，即政府引导基金参股后，会通过共享政府资源、行业资源和研发资源等，帮助参股基金 PE/VC 机构与更多项目之间建立联系的纽带，推动其有更多机会接触到早期优质项目。

第二，政府引导基金对 PE/VC 机构风险偏好的影响不局限于参股基金本身。从计量结果来看，政府引导基金参股后，参股基金本身投向早期的比重显著降低，但参股基金 PE/VC 机构管理下的全部创投基金平均投资阶段却显著前移了。这意味着，政府引导基金对 PE/VC 机构风险偏好的影响绝非局限于参股合同的激励约束，而是通过改变 PE/VC 机构的内在特征改变了 PE/VC 机构的风险偏好。根据网络理论，这种改变可以用两层逻辑来解释，第一层逻辑是，政府引导基金参股通过一些机制改变了 PE/VC 机构所处的创业投资市场网络位置，第二层逻辑是，PE/VC 机构所处的创业投资市场网络位置会影响其投资风险偏好。

第三，政府引导基金对 PE/VC 机构风险偏好的提升，是通过 PE/VC 机构管理下的非政府引导基金参股基金表现出来的。本书的第五章和第六章看似得出了两个相互矛盾的结论，即政府引导基金参股一方面降低了参股基金的风险容忍度，另一方面又提高了参股基金管理机构的风险偏好，但事实上，这两个结论是符合逻辑且内在统一的。原因在于，政府引导基金通过资金机制、声誉机制和合作机制（尤其是后两者）显著增加了参股基金 PE/VC 机构可获得的优质早期资源，但由于一些不合理的参股合约设计，导致 PE/VC 机构不能通过参股基金的投资行为来发挥合作优势，只能通过自身管理的其他未接受政府引导基金参股的创投基金来利用这种优势，体现在除参股基金外其他创业投资基金整体投资阶段分布上向早期移动。

（三）其他发现

第一，政府引导基金自身的一些特征会影响其对参股基金风险偏好作用的大小和方向。调节效应检验的结果表明，政府引导基金自管比委托市场化机构管理能更显著提高参股基金投向早期的比重；政府引导基金规模越大，参股基金平均投资轮次越容易向后移；政府引导基金基金层级整体上对参股基金投资阶段影响不显著，从一定程度上表明返投机制对参股基金风险偏好的影响并不明显，但也有证据表明，国家级政府引导基金比省级、区县级政府引导基金在引导参股基金投向早期的表现上更好，这可能得益于国家级政府引导基金更完善的合约设计和更严格的考核机制。

第二，政府引导基金的出资特征并不会显著影响参股基金风险偏好。调节效应检验的结果表明，政府引导基金出资占参股基金募资额的比重、政府引导基金是否为参股基金最大出资人，以及参股基金是否拥有多只政府引导基金出资等特征，对参股基金风险偏好的影响都不显著。这表明，政府引导基金对参股基金的控制力并不体现在股权份额上。这一结论为政府引导基金加大与社会资本联合出资力度，降低政府引导基金对单只基金的出资比例，以更大的杠杆撬动社会资本进入创业投资基金提供了支撑。

第三，PE/VC 机构的自身定位会显著影响政府引导基金的政策效果。定位为早期投资机构或创业投资机构的，自身投向早期的比重相对更高，但与政府引导基金的合作却降低了其投向早期的比重；定位为私募股权投资机构的，自身投向中后期的比重更高，而与政府引导基金的合作显著提升了这类机构投向早期的比重。这一结果意味着，政府引导基金在筛选 PE/VC 机构进行合作时，应将其对自身的投资定位作为重要的考虑依据。

第四，资本类型（是否为外资或合资机构）会显著影响政府引导基金的政策效果。整体来看，外资或合资机构投向早期的比重低于本土机构。但是，在接受政府引导基金参股后，外资或合资机构管理的创投基金投向早期比重的提升程度明显高于本土机构。对其合理的解释有三种：一是政府引导基金在与外资机构合作时会对其提出更严格的投资条件，包括要更多支持早期创新企业；二是外资机构在进入某些领域的早期企业时存在隐性进入壁垒，与政府引导基金合作使其进入壁垒降低了；三是政府引导基金在筛选本土机构合作时可能存在较为严重的寻租现象，而外资机构在寻租问题上相对风险较低，被选中的机构一般资质较高，具备较强的执行政策目标的能力。不过，由于本土机构对培育本土创投市场和发展新兴产业自主可控能力的重要性，不能仅依据该结论就提出要加大与外资机构合作、减少与本土机构合作的建议。

二、政策建议

（一）提高政府引导基金的风险容忍度

针对政府引导基金参股降低了参股基金风险容忍度的问题，建议从提高政府引导基金自身风险容忍度的角度出发，激励创业投资机构投向早期创新。

第一，要尊重创业投资高风险的客观规律。创业投资不同于传统投资，主要面向初创期企业，尤其是初创期的高科技企业，因此必然具有高成长、高风险、高失败率的特性。相应地，政府引导基金参股创业投资基金也必然会比传统的政府投资方式承担更高的风险。在实际操作中，如果政府引导基金用传统的国有资产保值增值要求去约束创业投资管理机构，要求大部分投资项目都能获得盈利或者不大幅亏损，必然导致管理机构为了规避风险而放弃或减少对早期项目的投资。因此，在投资项目选择上应给予参股基金管理机构更大的自主权，适当降低投资收益率门槛，以提高超额收益分配比例等市场化方式激励管理机构获取更高的财务回报，以基金整体收益率而非单个项目的收益率评价参股基金的经济效益，不对单个项目的盈亏设定下限。

第二，要明确政府引导基金功能定位。大多数政府引导基金在设计之初主要承载的是培育新兴产业、支持早期创新的政策功能。但是，随着越来越多功能定位相近的政府引导基金涌现，以及多元化目标被纳入政府引导基金政策体系，支持早期创新的初始功能反而被弱化了。建议政府引导基金在设立运行时要回归到支持早期企业的本质特征上，提高对参股基金投向早期的基本要求，并给予参股基金管理机构投向早期企业更多的激励，如，达到一定投资比例后给予额外的管理费奖励或更高的超额收益分配比例等。同时，要减少政府引导基金出资的附加条件，如返投、支持区域发展、招商引资等要求，让参股基金管理机构专注于为出资人管理好资金、服务好初创期企业，通过行业、市场、企业的成长为出资人获取合理的财务回报，在此基础上再合理制订其他辅助目标，而非本末倒置，将附加诉求变成对管理机构的刚性要求、基础要求。

第三，要发挥国家级政府引导基金的示范作用。实证证据表明，国家级政府引导基金参股基金在支持早期企业方面的效果好于省级、区县级政府引导基金，可见在政府引导基金的顶层设计上，有较多可供基层政府借鉴的经验。建议要发挥国家新兴产业创业投资引导基金、国家中小企业发展基金等国家级政府引导基金的标杆作用，通过联合投资、项目对接、组建产业联盟、联合办会等多种渠道加大与省、市、区县级地方政府引导基金合作，在机构筛选、投资决策、风险防控等方面为地方政府引导基金输送行之有效的经验。

（二）完善基金管理和激励约束机制

针对政府引导基金能够显著改变 PE/VC 机构资源禀赋和内在偏好的现象，建议完善基金管理和激励约束机制，减少逆向选择和道德风险问题。

第一，要坚持市场化运作，避免对政府引导基金本级管理或对参股基金管理的过度干预。组建政府引导基金作为政府投融资体制改革的一项重要举措，相比以往的直接投资方式更注重市场化运作，政府管理部门应尽量减少对基金投资决策的直接干预，主要采用激励手段而非限制手段推动政策目标实现。具体来看，政府部门不应参与基金的日常事务管理，不干预基金尽职调查和投资决策，不设置将会严重影响基金投资运作效率的"一票否决权"，用事前的合规性自查和事中事后监管替代流程长、耗时长的投资项目申报审批程序。

第二，要加强对政府引导基金管理机构和参股基金管理机构的绩效考核制度，对管理机构的行为形成有效约束。市场化运作不等同于放任不管，政府引导基金作为一项政策工具，实现政策目标的优先级应该高于经济效益目标，而参股基金管理机构多为市场化管理机构，追求的是经济收益，从政府部门自管的政府引导基金引导投早期的效果明显好于委托管理的政府引导基金就可以看出二者的矛盾。为了解决不对称信息下的委托—代理问题，必须设计激励相容的奖惩方案，更好兼顾政策目标和经济目标。一方面，要完善对政府引导基金管理机构和参股基金管理机构的监督考核制度，建立月度、季度、半年度、年度等定期考核，帮助政府出资人及时了解基金投资运行情况，及时发现投资运行中的问题，及时纠正不合规、不符合政策导向的做法，将风险控制在一定范围内。此外，政府引导基金还可以在合伙协议中明确设立观察员制度，即由政府部门向政府引导基金管理机构派驻观察员，再由政府引导基金向参股基金派驻观察员，在双层委托—代理关系中提高监管的执行力和信息透明度，在给予创投机构充分自主权的同时，建立更加明确的监管边界和流程。另一方面，要完善绩效考核指标体系的设计。适度提高投向早期比重、支持原始创新、孵化培育独角兽企业等指标的考核权重，适当降低经济效益、财务回报率等指标的权重，采取业绩排序等方式给予超额完成目标或排序靠前的管理机构物质激励。

（三）完善参股基金管理机构的遴选机制

针对 PE/VC 机构自身特征会对政策效果的执行产生显著影响的现象，建议完善参股基金管理机构的遴选机制，加大对创业投资、股权投资人才的培育。

第一，要加大政府引导基金参股中小创投基金的力度。本书的研究表明，政府引导基金通过资金机制、声誉机制和合作机制，显著提高了参股基金管理机构的网络位置，这种提升作用对本来处于创投网络边缘位置的中小管理机构尤为重要。建议政府引导基金在筛选参股基金管理机构时丰富判断标准，不仅依赖于知名度、排名榜单、过往管理规模大小等评定管理机构资质，还要把产业特色、对技术的理解、管理团队能够投入于基金管理的时间精力等也纳入筛选标准，将关注重点从白马基金拓展到在技术、产业、策略、运营等方面有专业度和深度的中小创投机构组建的基金上。

第二，要扩大政府引导基金的合作范围，将更多优质外资机构、主投阶段靠中后期的私募股权投资机构等也纳入参股基金管理机构的遴选范围。研究表明，政府引导基金引导投早期企业的边际提升作用在外资机构、投资阶段偏中后期的私募投资机构管理的基金上表现得更为明显。而在现实中，上述两类机构在政府引导基金遴选合作对象时经常处于优先级靠后的位置，建议政府引导基金适度放宽合作范围，鼓励优质的外资 PE/VC 机构、自身定位偏中后期的私募股权投资机构等更多地支持和培育本土早期创新企业。

第三，要加大对本土创业投资管理团队的培育力度。研究表明，能力越强的创业投资机构，兼顾社会效益和经济效益的可能性越高，对投资组合风险识别和控制的能力也越强，可以更好地平衡支持早期企业和保障公共资金安全两项目标。要加快培育本土创业投资管理团队，鼓励有资本实力和管理经验的个人和机构从事创业投资活动，加强母基金对子基金管理和运营的指导。鼓励地方政府联合创投机构、行业组织、企业、科研单位、金融机构等组建以政府引导基金为核心节点的产业联盟，为有需求的创业投资管理团队提供组织培训、项目对接、研发资源对接、资金对接等服务。在一些创业投资基础较为薄弱又设立了多只政府引导基金的地区，考虑加大对专业创业投资管理团队的引进力度，同时吸引配套的具有金融、财务、管理、科技等方面知识的综合型人才，避免设立政府引导基金后难以开展投资的问题。

根据本书的研究，政府引导基金参股行为本身比政府引导基金参股的绝对规模、持股比例等更具有政策价值。政府引导基金参股会显著改变创业投资机构的风险偏好和参股基金投向早期的比重，但参股规模的大小、占参股基金的份额、是否为参股基金第一大股东、是否有多只政府引导基金出资等特征，并不会显著影响创业投资机构投向早期企业的比重。因此，相比所获得资金的多寡，与政府引导基金建立合作关系对创业投资机构投资行为的导向更有意义。综上，建议政府引导基金减少对单只基金的出资规模和出资份额，同时加大对市场上优质创业投资机构的合作覆盖面，推动建立良好有序的创业投资生态体系。

三、研究展望

本书尝试通过构建包含两万余条创业投资数据的微观数据集，围绕政府引导基金参股对创业投资机构风险偏好的影响开展定量研究，以弥补相关领域研究的空白，为公共政策的评估与后续政策的完善提供相对客观的实证证据。但是，正如前文所提到的，受限于作者自身水平、研究的时间精力以及客观的数据可得性等，本书不可避免地存在一些不完善和可深化研究的地方。例如，本书构建的微观数据集虽然尽可能地尝试挖掘我国政府引导基金参股基金投资阶段的所有信息，但受限于官方公开数据的缺失、原始数据库的精确度和覆盖面，以及数据清洗时可能存在的错误，一些数据可能存在一定的偏误。本书构建的数据集潜力尚有待开发，如未来可尝试对投资金额的统计币种、单位进行更大规模的清洗换算，再考虑从投资额阶段分布的角度来衡量创业投资机构风险偏好的变化。

此外，本书在初期进行研究时还挖掘出了相当一部分有价值的信息，包括创业投资机构主要管理人的海外背景、行业背景、政府背景等，以及创业投资机构本身是否具有国资背景等，但是出于量化的困难以及数据清洗工作花费时间的长度等原因，许多信息无法在书中体现，未来这些信息都值得进一步挖掘和思考。又如，本书第六章中出于数据搜集和清洗时间的考虑，将创业投资机构管理下非政府引导基金参股的创业投资基金视作一个统一基金池考虑其投资行为，这种做法虽然更简便，但也不可避免地损失了参照组基金的注册地、行业、规模等重要信息，未来也可尝试将参照组基金分开成独立的个体，并控制更多的特征变量，得到更为准确的估计结果。

再如，本书受限于数据的可得性，不得不依靠一些逻辑推演来得出相关的结论。例如，本书的结论中将保值增值机制作为政府引导基金影响参股基金风险偏好的主要途径，这一逻辑的成立是建立在本书提出的四项机制可以完全涵盖政府引导基金对参股基金风险偏好的所有影响机制的基础上，这种逻辑推演的严谨性可能会受到一定质疑，如果未来可以获取到哪些政府引导基金明确要求保值增值的信息，则可以在本书研究的基础上直接检验保值增值机制对创业投资机构风险偏好的影响。

最后，本书仍要强调，政府引导基金的政策目标是多方面的，引导创投机构支持早期创新型企业仅是其中的一个方面，尽管本书认为，这是政府引导基金政策目标中最重要的一个方面，但其他学者可能持有不同意见。除支持早期的效果外，未来还可以利用更多微观数据对政府引导基金支持创新的效果、挤入或挤出社会资本的效果等进行量化分析，更客观全面地评价政府引导基金的政策实践。

参考文献

［1］边思凯，周亚虹．创投引导基金能否发挥引导作用？——基于企业融资视角的面板数据分析［J］．财经研究，2020，46（6）：156-168.

［2］陈春发．公共风险资本与市场失灵［J］．软科学，2008，101（5）：29-32+38.

［3］陈德球，孙颖，王丹．关系网络嵌入，联合创业投资与企业创新效率［J］．经济研究，2021，56（11）：67-83.

［4］陈工孟，俞欣，寇祥河．风险投资参与对中资企业首次公开发行折价的影响——不同证券市场的比较［J］．经济研究，2011，46（5）：75-85.

［5］陈和．创业投资的政策性引导基金模式研究［J］．科学学与科学技术管理，2006，27（5）：79-83.

［6］陈见丽．风险投资能促进高新技术企业的技术创新吗？——基于中国创业板上市公司的经验证据［J］．经济管理，2011，33（2）：71-77.

［7］陈强．高级计量经济学及 Stata 应用（第二版）［M］．北京：高等教育出版社，2014.

［8］陈士俊，柏高原．创业投资引导基金参股运作方式的国际比较［J］．商业研究，2010，397（5）：15-18.

［9］陈旭东，杨硕，周煜皓．政府引导基金与区域企业创新——基于"政府+市场"模式的有效性分析［J］．山西财经大学学报，2020，42（11）：30-41.

［10］陈玉和，白俊红，尚芳，等．技术创新风险分析的三维模型［J］．中国软科学，2007，197（5）：130-132.

［11］成程，李惟韬，阳世辉．政府引导基金对地区经济发展及溢出效应的影响分析［J］．财经理论与实践，2021，42（5）：18-25.

［12］成思危．积极稳妥地推进我国的风险投资事业［J］．管理世界，1999（1）：2-7.

［13］程聪慧，王斯亮．创业投资政府引导基金能引导创业企业创新吗？［J］．科学学研究，2018，36（8）：1466-1473.

［14］程国琴．政府在风险投资中的制度供给作用［J］．工业技术经济，2006，25（2）：149-153.

［15］程华，赵祥．企业规模、研发强度、资助强度与政府科技资助的绩效关系研究——基于浙江民营科技企业的实证研究［J］．科研管理，2008，29（2）：37-43.

［16］邓向荣，汪小洁，曹红．非连续性技术创新理论研究新进展［J］．经济学动态，2022，731（1）：132-145.

［17］邓晓兰，孙长鹏．企业创新，产业升级与政府引导基金的作用机制［J］．山西财经大学学报，2019，41（5）：55-67.

［18］董建卫，王晗，郭立宏．政府引导基金本地投资对企业创新的影响［J］．科技进步与对策，2018，35（3）：116-122.

［19］杜月，应晓妮．政府创投引导基金：爆发式增长后的理性回归［J］．宏观经济管理，2018，413（5）：36-39.

［20］郭斌，陈劲．失败创新项目"潜在收益效应"研究［J］．科研管理，1997，18（4）：36-40.

［21］国家发展改革委宏观经济研究院投资研究所．投资：推动中国快速发展的强大动力［M］．人民出版社，2018.

［22］国家新兴产业创业投资引导基金理事会办公室．国家新兴产业创业投资引导基金发展报告（2016-2021）［R］．国家发展改革委内部报告，2017-2022.

［23］何建洪，马凌．政府引导基金下创业投资经理人与风险企业的合谋分析［J］．科技管理研究，2008，28（9）：186-187.

［24］黄福广，张慧雪，彭涛，等．国有资本如何有效参与风险投资？——基于引导与直投的比较证据［J］．研究与发展管理，2021，33

（3）：30-42.

［25］黄嵩，倪宣明，张俊超，等．政府引导基金能促进技术创新吗？——基于我国科技型初创企业的实证研究［J］．管理评论，2020，32（3）：110-121.

［26］胡凯，刘昕瑞．政府产业投资基金的技术创新效应［J］．经济科学，2022，247（1）：36-49.

［27］胡志坚等主编．中国创业投资发展报告（2012-2021）［M］．北京：科学技术文献出版社．

［28］贾宁，李丹．创业投资管理对企业绩效表现的影响［J］．南开管理评论，2011，14（1）：96-106.

［29］季蕴慧，余良如，王飞．多维知识吸收与企业创新关系的元分析［J］．技术经济，2020，39（12）：69-78.

［30］景光正，李平，许家云．金融结构，双向 FDI 与技术进步［J］．金融研究，2017，445（7）：62-77.

［31］李吉栋．创业投资引导基金的理论与实践［M］．北京：冶金工业出版社，2011.

［32］李建良．创业投资引导基金的引导模式［M］．北京：社会科学文献出版社，2016.

［33］李建伟．私募股权投资基金的发展路径与有限合伙制度［J］．证券市场导报，2007，181（8）：57-63.

［34］李善民，梁星韵．创投机构响应政策还是迎合政策？——基于政府引导基金激励下的投资视角［J］．证券市场导报，2020，338（9）：15-23.

［35］李宇辰．我国政府产业基金的引导及投资效果研究［J］．科学学研究，2021，39（3）：442-450.

［36］梁若冰，王群群．地方债管理体制改革与企业融资困境缓解［J］．经济研究，2021，56（4）：60-75.

［37］刘常勇，谢洪明．企业知识吸收能力的主要影响因素［J］．科学学研究，2003，21（3）：307-310.

［38］刘健钧．正确认识创业资本努力推进创业投资体制建设［J］．管

理世界，1999（4）：98-103+128.

［39］龙勇，时萍萍．风险投资对高新技术企业的技术创新效应影响［J］．经济与管理研究，2012，236（7）：38-44.

［40］罗吉，党兴华，王育晓．网络位置、网络能力与风险投资机构投资绩效：一个交互效应模型［J］．管理评论，2016，28（9）：83-97.

［41］吕炜．论风险投资机制的技术创新原理［J］．经济研究，2002（2）：48-56.

［42］孟兆辉，李蕾，谭祖卫，等．政府创业投资引导基金委托管理模式及激励约束机制比较分析［J］．科技进步与对策，2014，31（17）：11-15.

［43］潘朝相，梁云志．基于风险投资视角的技术创新风险管理［J］．科技进步与对策，2009，26（20）：13-17.

［44］逄雯婷，王振宇，陈奕诺．政府引导基金，地方财政差异和区域创新水平的作用机制研究［J］．地方财政研究，2021，202（8）ʼ：76-85.

［45］钱苹，张帏．我国创业投资的回报率及其影响因素［J］．经济研究，2007，42（5）：78-90.

［46］生延超．创新投入补贴还是创新产品补贴：技术联盟的政府策略选择［J］．中国管理科学，2008，16（6）：185-192.

［47］施国平，党兴华，董建卫．引导基金能引导创投机构投向早期和高科技企业吗？——基于双重差分模型的实证评估［J］．科学学研究，2016，34（6）：822-832.

［48］田轩．创新的资本逻辑（第二版）［M］．北京：北京大学出版社，2021.

［49］王晗，刘慧侠，董建卫．政府引导基金参股创投基金能促进企业创新吗？——基于零膨胀负二项分布模型的实证研究［J］．研究与发展管理，2018，30（2）：93-102.

［50］王会娟，张然．私募股权投资与被投资企业高管薪酬契约——基于公司治理视角的研究［J］．管理世界，2012（9）：156-167.

［51］王立新，李勇．企业技术创新过程中的风险管理研究［J］．科技进步与对策，2007，198（2）：85-87.

［52］吴超鹏，吴世农，程静雅，等．风险投资对上市公司投融资行为影响的实证研究［J］．经济研究，2012，47（1）：106-119+160.

［53］吴洁，陈璐，盛永祥，等．考虑风险的产业技术联盟知识共享演化博弈研究［J］．运筹与管理，2018，27（11）：36-42.

［54］吴运建，周良毅．企业技术创新风险分析［J］．科研管理，1996，17（3）：35-38+40.

［55］武康平，倪宣明．私募基金为何偏好有限合伙制？——基于委托代理理论的分析［J］．当代经济研究，2014，232（12）：80-85.

［56］谢科范．技术创新的风险因素及其实证分析［J］．科技进步与对策，1999（3）：56-58.

［57］熊维勤．创业引导基金运作中激励机制研究［M］．北京：经济科学出版社，2013.

［58］徐飞，宋波．公私合作制（PPP）项目的政府动态激励与监督机制［J］．中国管理科学，2010，18（3）：166-173.

［59］徐明．政府引导基金是否发挥了引导作用——基于投资事件和微观企业匹配数据的检验［J］．经济管理，2021，43（8）：23-40.

［60］薛宏刚，王浩，管艺洁．政府引导基金能否促进区域创新能力的提高？［J］．兰州大学学报（社会科学版），2021，49（4）：68-77.

［61］杨大楷，李丹丹．政府支持对中国风险投资业影响的实证研究［J］．山西财经大学学报，2012，34（5）：52-60.

［62］杨军，周月书，楮保金．政府创业风险投资引导基金组织制度安排与代理成本分析［J］．经济学动态，2009，580（6）：81-84+86.

［63］杨敏利，李昕芳，仵永恒．政府创业投资引导基金的引导效应研究［J］．科研管理，2014，35（11）：8-16.

［64］杨敏利，丁文虎，郭立宏，等．创业投资引导基金补偿机制对创投机构网络位置的影响研究［J］．管理评论，2020，32（1）：107-118.

［65］杨昀，滕向阳，冉渝．风险投资对政府补贴高新技术企业创新激励有效性影响［J］．统计与决策，2019，35（13）：170-173.

［66］应晓妮．政府补贴对新能源汽车企业创新投入的影响研究［J］．中国物价，2020，370（2）：33-35+39.

［67］应晓妮.2018-2019年我国政府创投引导基金发展新趋势［J］.今日科苑，2020（6）：1-7.

［68］应晓妮，等.投资优化供给结构：做什么？怎么做？［M］.北京：社科文献出版社，2021.

［69］应晓妮，吴有红，徐文舸，等.政策评估方法选择和指标体系构建［J］.宏观经济管理，2021，450（4）：40-47.

［70］应晓妮，宁卉.金融结构、金融功能与创新发展［J］.宏观经济研究，2022，282（5）：36-47+59.

［71］余琰，罗炜，李怡宗，等.国有风险投资的投资行为和投资成效［J］.经济研究，2014，49（2）：32-46.

［72］袁义淞，李腾.政府风险规避视角下的PPP模式委托代理模型研究［J］.昆明理工大学学报（自然科学版），2015，40（1）：118-124.

［73］张长春.政府投资的管理体制：总体框架，近期改革重点与促进措施［M］.中国计划出版社，2005.

［74］张果果，郑世林.国家产业投资基金与企业创新［J］.财经研究，2021，47（6）：76-91.

［75］张建平.我国创业投资的发展模式与途径研究［D］.中国社会科学院大学博士论文，2002.

［76］张杰，陈志远，杨连星，等.中国创新补贴政策的绩效评估：理论与证据［J］.经济研究，2015，50（10）：5-17+33.

［77］张敏，童丽静，许浩然.社会网络与企业风险承担——基于我国上市公司的经验证据［J］.管理世界，2015（11）：161-175.

［78］张晓朴，朱鸿鸣，等.金融的谜题：德国金融体系比较研究［M］.北京：中信出版社，2021.

［79］张学勇，廖理.风险投资背景与公司IPO：市场表现与内在机理［J］.经济研究，2011，46（6）：118-132.

［80］周晓雯，丁文虎，杨敏利.引导基金补偿机制对创投机构后续募资的影响［J］.经济问题，2018（1）：36-42.

［81］保罗·萨缪尔森，威廉·诺德豪斯.经济学（第19版）［M］.萧琛等译.北京：商务印书馆，2017.

［82］路德维希·冯·米塞斯. 人的行为［M］. 上海：上海人民出版社，2013.

［83］路德维希·冯·米塞斯. 经济科学的最终基础：一篇关于方法的论文［M］. 北京：商务印书馆，2015.

［84］穆雷·N. 罗斯巴德. 人、经济与国家［M］. 杭州：浙江大学出版社，2015.

［85］乔希·勒纳. 梦断硅谷［M］. 乔江涛译. 北京：中信出版社，2012.

［86］让-雅克·拉丰，让·梯若尔. 政府采购与规制中的激励理论［M］. 石磊，王永钦译. 上海：格致出版社，2014.

［87］W. W. 罗斯托. 经济增长理论史［M］. 杭州：浙江大学出版社，2016.

［88］熊彼特. 经济发展理论［M］. 北京：中国社会科学出版社，2009.

［89］约瑟夫·熊彼特. 经济分析史［M］. 朱泱等译. 北京：商务印书馆，2017.

［90］Abernathy W J and Clark K. Innovation：Mapping the winds of creative destruction［J］. Research Policy，1985，14（1）：3-22.

［91］Aggarwal R，Erel I，Ferreira M，et al. Does governance travel around the world？Evidence from institutional investors［J］. Journal of Financial Economics，2011，100（1）：155-181.

［92］Akerlof G A. The Market for "Lemons"：Quality uncertainty and the market mechanism［J］. Quarterly Journal of Economics，1970，84（3）：488-500.

［93］Altintig Z A，Chiu H H，Goktan M S. How does uncertainty resolution affect VC syndication？［J］. Financial Management，2013，42（3）：611-646.

［94］Amit R，Muller G E. Entrepreneurial ability，venture investments，and risk sharing［J］. Management Science，1990，36（10）：1232-1245.

［95］Amit R，Brander J，Zott C. Why do venture capital firms exist？Theory and canadian evidence［J］. Journal of Business Venturing，1998，13（6）：

441-466.

[96] Arrow K J. Information and economic behavior [J]. Collected Papers of Kenneth J Arrow, 1973 (4): 136-152.

[97] Arthurs J D, Busenitz L W. Dynamic capabilities and venture performance: The effects of venture capitalists [J]. Journal of Business Venturing, 2006, 21 (2): 196-215.

[98] Avnimelech G. VC Policy: Yozma Program 16-Years perspective [J/OL]. SSRN Electronic Journal, 2009, 10.2139/ssrn.2758195.

[99] Barry C B, Muscarella C J, Peavy J I, et al. The role of venture capital in the creation of public companies [J]. Journal of Financial Economics, 1990, 27 (2): 447-471.

[100] Bartzokas A, Mani, S. Financial systems, corporate investment in innovation, and venture capital [M]. Northampton MA: Edward Elgar Publishing, 2004.

[101] Benson D, Ziedonis R H. Corporate venture capital as a window on new technologies: implications for the performance ofcorporate investors when acquiring startups [J]. Organization Science, 2009, 20 (2): 329-351.

[102] Bertoni F, Tykvova T. Does governmental venture capital spur invention and innovation? Evidence from young European biotech companies [J]. Research Policy, 2015, 44 (4): 926-935.

[103] Bigus J. Staging of venture financing, investor opportunism and patent law [J]. Journal of Business Finance and Accounting, 2006, 33 (7-8): 939-960.

[104] Brander J, Egan E J, Hellmann T. Government-sponsored versus private venture capital: Canadian evidence [R]. University of British Columbia Working Paper, 2008, No. 14029.

[105] Brander J, Du Q. and Hellmann T. The effects of government-sponsored venture capital: international evidence [R]. NBER Working Paper, 2010.

[106] Bresnahan T F, Salop S C. Quantifying the competitive effects of production joint ventures [J]. International Journal of Industrial Organization, 1986,

4 (2): 156-175.

[107] Brewer I E, Genay H, Jackson I, et al. Performance and access to government guarantees: the case of small business investment companies [J]. Economic Perspectives, 1996 (20): 16-32.

[108] Bronzini R, Piselli P. The impact of R&D subsidies on firm innovation [J]. Research Policy, 2016, 45 (2): 442-457.

[109] Bruton G D, Filatotchev I, Chahine S, et al. Governance, ownership structure, and performance of IPO firms: the impact of different types of private equity investors and institutional environments [J]. Strategic Management Journal, 2010, 31 (5): 491-509.

[110] Burt R S. Brokerage and closure: An introduction to social capital [M]. New York: Oxford University Press, 2007.

[111] Chang Y X and Astorsdotter D. Does governmental venture capital spur innovation? A comparison with private venture capital in sweden [R]. Uppsala University Working Paper, 2021.

[112] Clausen T H. Do subsidies have positive impacts on R&D and innovation activities at the firm level? [J]. Structural Change & Economic Dynamics, 2009, 20 (4): 239-253.

[113] Coase R H. The Nature of the firm [J]. Economica, 1937, 4 (16): 386-405.

[114] Cohen W M, Levinthal D. Absorptive capacity: a new perspective on learning and innovation [J]. Administrative Science Quaterly, 1990, 35 (1): 128-152.

[115] Croce A, Marti J, Murtinu S. The impact of venture capital on the productivity growth of European entrepreneurial firms: "Screening" or "value added" effect? [J]. Journal of Business Venturing, 2013, 28 (4): 489-510.

[116] Cumming D. Government policy towards entrepreneurial finance: Innovation investment funds [J]. Journal of Business Venturing, 2007, 22 (2): 193-235.

[117] Cumming D, Macintosh J. Crowding out private equity: Canadian evi-

dence [J] . Journal of Business Venturing, 2006, 21 (5): 569-609.

[118] Cumming D, Johan S. Pre – seed government venture capital funds [J] . Journal of International Entrepreneurship, 2009, 7 (1): 26-56.

[119] Dossani R, Kenney M. Creating an environment: Developing venture capital in India [R] . BRIE Working Paper No. 143, 2002.

[120] Da Rin M, Nicodano G, Sembenelli A. Public policy and the creation of active venture capital markets [J] . Journal of Public Economics, 2006, 90 (8/9): 1699-1723.

[121] Demirguc–Kunt A, Feyen E, Levine R. The evolving importance of banks and securities markets [J] . The World Bank Economic Review, 2013, 27 (3): 476-490.

[122] Diamond D W. Financial intermediation and delegated monitoring [J] . Review of Economic Studies, 1984 (3): 393-414.

[123] Didier T, Levine R, Montanes R L. , Schmukler S L. Capital market financing and firm growth [J] . Journal of International Money and Finance, 2021 (118): 1-31.

[124] Dosi G. Technological paradigms and technological trajectories: A suggested interpretation of the determinants and directions of technical change [J] . Research Policy, 1982, 11 (3): 147-162.

[125] Ehrnberg E. On the definition and measurement of technological discontinuities [J] . Technovation, 1995, 15 (7): 437-452.

[126] Ferreira M A, Matos P. The colors of investors' money: The role of institutional investors around the world [J] . Journal of Financial Economics, 2008, 88 (3): 499-533.

[127] Ferrary M. Syndication of venture capital Investment: The art of resource pooling [J] . Entrepreneurship Theory and Practice, 2010, 34 (5): 886-907.

[128] Fitza M, Matusik S F, Mosakowski E. Do VCs matter? The importance of owners on performance variance in start-up firms [J] . Strategic Management Journal, 2009, 30 (4): 387-404.

［129］ Florin J. Is venture capital worth it? Effects on firm performance and founder returns ［J］. Journal of Business Venturing, 2005, 20 (1): 113-135.

［130］ Galaskiewicz J, Zaheer A. Networks of competitive advantage ［J］. Research in the Sociology of Organizations, 1999, 16 (1): 237-261.

［131］ Geronikolaou G, Papachristou G. Venture capital and innovation in europe ［J］. Modern Economy, 2012, 3 (4): 455-459.

［132］ Gompers P A, Lerner J. An analysis of compensation in the US venture capital partnership ［J］. Social Science Electronic Publishing, 1999, 51 (1): 3-44.

［133］ Gompers P A, Lerner J. The venture capital cycle ［M］. Cambridge: Second Edition, MIT Press, 2006.

［134］ Grilli L, Murtinu S. Government, venture capital and the growth of European high-tech entrepreneurial firms ［J］. Research Policy, 2014, 43 (9): 1523-1543.

［135］ Higgins G M C. Which ties matter when? the contingent effects of interorganizational partnerships on IPO success ［J］. Strategic Management Journal, 2003, 24 (2): 127-144.

［136］ Hallen B L. The causes and consequences of the initial network positions of new organizations: From whom do entrepreneurs receive investments? ［J］. Administrative Science Quarterly, 2008, 53 (4): 686-718.

［137］ Harrod R F. An essay in dynamic theory ［J］. The Economic Journal, 1939 (49): 15-33.

［138］ Hayek F A. Econmics and knowledge ［J］. Economica, 1937, 4 (13): 33-54.

［139］ Thomas, Hellmann. The allocation of control rights in venture capital contracts ［J］. The RAND Journal of Economics, 1998, 29 (1): 57-76.

［140］ Hellmann T. and Puri. M. The interaction between product market and financing strategy: The role of venture capital ［J］. The Review of Financial Studies, 2000, 13 (4): 959-984.

［141］ Hochberg Y V, Ljungqvist A, Lu Y. Whom you know matters? venture capital networks and investment performance [J] . The Journal of Finance, 2007, 62 (1): 251-301.

[142] Holmstrom B and Milgrom P. Multitask principal-agent analyses: Incentive contracts, asset ownership, and job design [J] . The Journal of Law, Economics and Organization, 1991 (7): 25-52.

[143] Holmstrom B and Tirole J. Financial intermediation, loanable funds, and the real sector [J] . Quarterly Journal of Economics, 1997, 112 (3): 663-691.

[144] Hopp C, Rieder F. What drives venture capital syndication? [J] . Applied Economics, 2011, 43 (23): 3089-3102.

[145] Hsu P H, Xuan T, Yan X. Financial development and innovation: Cross-country evidence [J] . Journal of Financial Economics, 2014, 112 (1): 116-135.

[146] Humphery J M, Suchard J A. Foreign VCs and venture success: Evidence from China [J] . Journal of Corporate Finance, 2013, 21 (2): 16-35.

[147] Inderst R and Mueller H M. Early-stage financing and firm growth in new industries [J] . Journal of Financial Economics, 2009, 93 (2): 276-291.

[148] Jaaskelainen M, Maula M, Murray G. Profit distribution and compensation structures in publicly and privately funded hybrid venture capital funds [J] . Research Policy, 2007, 36 (7): 913-929.

[149] Jackson M O. Social and economic networks [M] . Princeton University Press, 2008.

[150] Jensen M C, Murphy K J. Performance pay and top management incentives [J] . Journal of Political Economy, 1990, 98 (2): 226-264.

[151] Vesa, Kanniainen, et al. The optimal portfolio of start-up firms in venture capital finance [J] . Journal of Corporate Finance, 2003, 9 (5): 521-534.

[152] Lerner K J. Assessing the contribution of venture capital to innovation [J] . The RAND Journal of Economics, 2000, 31 (4): 675-692.

[153] Kanniainen V, Keuschnigg C. The optimal portfolio of start-up firms

in venture capital finance [J] . Journal of Corporate Finance, 2003, 9 (5):
521-534.

[154] Karsai J. Can the state replace private capital investors? Public finan-
cing of venture capital in Hungary [R] . CERS-IE Working Papers 0409, 2004.

[155] Krishnan K, Nandy D K, Puri M. Does financing spur small business
productivity? Evidence from a natural experiment [J] . The Review of Financial
Studies, 2015, 28 (6): 1768-1809.

[156] Lan P J, Lubatkin M. Relative absorptive capacity and interorganiza-
tional learning [J] . Strategic Management Journal, 1998, 19 (5): 461-477.

[157] Le T, Jaffe A B. The Impact of R&D subsidy on innovation: Evidence
from new zealand firms [J] . Economics of Innovation and New Technology,
2017, 26 (5): 429-452.

[158] Lerner J. When bureaucrats meet entrepreneurs: The design of effec-
tive "public venture capital" programs [J] . Economic Journal, 2002, 112
(477): 73-84.

[159] Lerner J, Watson B. The public venture capital challenge: The austria
case [J] . Venture Capital, 2007, 10 (1): 1-20.

[160] Leleux B and Surlemont B. Public versus private venture capital: See-
ding or crowding out? A pan-european analysis [J] . Journal of Business Ventu-
ring, 2003, 18 (1): 81-104.

[161] Manso G. Motivating innovation [J] . Journal of Finance, 2011, 66
(5): 1823-1860.

[162] Maula M, Keil T, Zahra S A. Top management's attention to discon-
tinuous technological change: Corporate venture capital as an alert mechanism
[J] . Social Science Electronic Publishing, 2013, 24 (3): 926-947.

[163] Merton R. A functional perspective of financial intermediation
[J] . Financial Management, 1995, 24 (2): 23-41.

[164] Merton R C, Bodie Z. The design of financial systems: Towards a syn-
thesis of function and structure [J] . Journal of Investment Management, 2005, 3
(1): 1-27.

[165] Purewal K, Haini H. Re-examining the effect of financial markets and institutions on economic growth: Evidence from the OECD countries [J]. Economic Change and Restructuring, 2022, 55 (1): 1-23.

[166] Milanov H, Shepherd D A. The importance of the first relationship: The ongoing influence of initial network on future status [J]. Strategic Management Journal, 2013, 34 (6): 727-750.

[167] Munari F, Toschi L. Assessing the impact of public venture capital programs in the united kingdom: Do regional characteristics matter? [J]. Journal of Business Venturing, 2010, 30 (2): 206-226.

[168] Murray G, Cowling M., Liu W. An independent econometric analysis of the "Innovation Investment Fund" programme (IIF) of the Australian Commonwealth government: Findings and implications [R]. Report of Department of Innovation, Industry, Science and Research (Australia), 2010.

[169] Ozmel U, Reuer J J, Gulati R. Signals across multiple networks: How venture capital and alliance networks affect interorganizational collaboration [J]. Academy of Management Journal, 2013, 56 (3): 852-866.

[170] Park H D, Steensma H K. When does corporate venture capital add value for new ventures? [J] Strategic Management Journal, 2012 (33): 1-22.

[171] Parker E, Parker P. Venture capital emerging force in the southeast [J]. Federal Reserve Bank of Atlanta Economic Review, 1998, 83 (4): 36-47.

[172] Patrick B, Mathias D, Patrick B. Contract theory [M]. Cambridge: MIT Press, 2005.

[173] Ryan L V, Schneider M. The antecedents of institutional investor activism [J]. Academy of Management Review, 2002, 27 (4): 555-573.

[174] Sandner P, Dufter C, Geibel R. Does venture capital investment lead to a change in start-ups' intellectual property strategies? [J]. American Journal of Industrial & Business Management, 2016, 6 (12): 1146-1173.

[175] Sahlman W A. The structure and governance of venture-capital organizations [J]. Journal of Financial Economics, 1990, 27 (2): 473-521.

［176］Schilder D. Public venture capital in germany: Task force or forced task? ［R］. Freiberg Working Papers, 2006.

［177］Schumpeter J A. Capitalism, socialism and democracy ［M］. New York: Harper Press, 1947.

［178］Shleifer A, Vishny R. A survey of corporate governance ［J］. The Journal of Finance, 1997, 52 (2): 737-783.

［179］Sorensen M. How smart is smart money? A two-sided matching model of venture capital ［J］. Journal of Finance, 2007, 62 (6): 2726-2762.

［180］Stiglitz J E. Credit markets and the control of capital ［J］. Journal of Money, Credit and Banking, 1985, 17 (1): 133-152.

［181］Sweeting R C. Early-stage new technology-based businesses: Interactions with venture capitalists and the development of accounting techniques and procedures ［J］. British Accounting Review, 1991, 23 (1): 3-21.

［182］Tian X, Wang Y. Tolerance for failure and corporate innovation ［J］. Review of Financial Studies, 2014, 27 (1): 211-255.

［183］Trajtenberg M. Government support for commercial R&D: Lessons from the israeli experience ［J］. Innovation Policy and the Economy, 2002 (2): 79-134.

［184］Tom, Vanacker, Veroniek, et al. The relationship between slack resources and the performance of entrepreneurial firms: The role of venture capital and angel investors ［J］. Journal of Management Studies, 2013, 50 (6): 1070-1096.

［185］Verwaal E, Bruining H, Wright M, et al. Resources access needs and capabilities as mediators of the relationship between VC firm size and syndication ［J］. Small Business Economics, 2010, 34 (3): 277-291.

［186］Wallsten S J. The effects of government-industry R&D programs on private R&D: The case of the small business innovation research program ［J］. RAND Journal of Economics, 2000, 31 (1): 2-100.

［187］Webster D. England's Regional Venture Capital Funds: A Review of Programme Outcomes and Stakeholder Perspectives ［J/OL］. SSRN Electronic

Journal, 2009, 10. 2139/ssrn. 1754482.

[188] Williamson O E. Transaction-cost economics: The governance of con-tractual relations [J] . Journal of Law and Economics, 1979, 22 (2): 233-261.

[189] Zahra S A, Geroge G. Absorptive capacity: A review, reconceptual-ization, and extension [J] . Academy of Management Review, 2002, 27 (2): 185-203.